GREEK
Dictionary
&
Phrasebook

GREEK
Dictionary
&
Phrasebook

Compiled by
Aspasia Merkouri

HIPPOCRENE BOOKS
New York

For information, address:
HIPPOCRENE BOOKS, INC.
171 Madison Avenue
New York, NY 10016
www.hippocrenebooks.com

Library of Congress Cataloging-in-Publication Data

Merkouri, Aspasia.
Greek dictionary & phrasebook : Greek-English/ English-Greek / compiled by Aspasia Merkouri.
cm.
ISBN-13: 978-0-7818-1272-6
ISBN-10: 0-7818-1272-0
1. Greek language—Dictionaries—English.
2. English language—Dictionaries—Greek.
I. Title.
PA1139.E5M475 2012
489'.3321—dc23

2011047317

Printed in the United States of America.

MIX
Paper from responsible sources
FSC® C011935

CONTENTS

INTRODUCTION

The Modern Greek Language

Modern Greek is the official language of Greece, one of the two official languages in Cyprus, and one of the twenty-three official languages of the European Union. The Greek language originates in the Indo-European language group. Modern Greek was the result of the fall of the Byzantine Empire. During the nineteenth and twentieth centuries, there was a phase of diglossia, as the language was separated into the Demotic (the colloquial form of modern Greek) and the Katharevousa (the form of Greek used in literature that employs more features of classical Greek). The Demotic was the one which dominated and now constitutes the official language.

The Greek language is spoken by approximately 13 million people. In reality though, it is estimated that about 20 million people around the world can speak Greek as their first or second language.

The Greek language holds a singular place in European history, as many of the foundational texts of Western history and culture—the works of Homer, Plato, and Aristotle—were originally composed in Greek. It is proven that more than 150,000 words of the English language are of Greek origin, especially in the sciences and medicine.

The Greek Alphabet

Set out below are the Greek alphabet, the names of the Greek letters in Greek and English, and the system of the transliteration used in this book.

Α, α	άλφα [**a**lfa]	**a** as in h**a**t
Β, β	βήτα [v**i**ta]	**v** as in **v**ote
Γ, γ	γάμα [g**a**ma]	**y** as in **y**es (except *before consonants and a or o when it is more like a heavy version of* ***g*** *in* ***g****un*)
Δ, δ	δέλτα [th**e**lta]	**th** as in **th**is
Ε, ε	έψιλον [**e**psilon]	**e** as in l**e**t
Ζ, ζ	ζήτα [z**i**ta]	**z**
Η, η	ήτα [**i**ta]	**i** as in k**i**t, but a bit longer
Θ, θ	θήτα [TH**i**ta]	**th** as in **th**eme (*represented by* TH)
Ι, ι	γιώτα [y**o**ta]	**i** as in k**i**t
Κ, κ	κάπα [k**a**pa]	**k**
Λ, λ	λάμδα [l**a**mtha]	**l**
Μ, μ	μι [mi]	**m**
Ν, ν	νι [ni]	**n**
Ξ, ξ	ξι [xi]	**x**
Ο, ο	όμικρον [**o**mikron]	**o** as in h**o**t
Π, π	πι [pi]	**p**
Ρ, ρ	ρο [ro]	**r**

Σ, σ, ς*	σίγμα [sigma]	**s**
Τ, τ	ταυ [taf]	**t**
Υ, υ	ύψιλον [**i**psilon]	**i** as in k**i**t, but a bit longer
Φ, φ	φι [fi]	**f**
Χ, χ	χι [khi]	**ch** as in the Scottish word lo**ch** (*represented by* kh) or a harsh **h** as in **h**at
Ψ, ψ	ψι [psi]	**ps** as in chi**ps**
Ω, ω	ωμέγα [om**e**ga]	**o** as in h**o**t

* this letter is used only at the end of a word in lower case

Combinations and Dipthongs

ΑΙ, αι	**e** as in l**e**t
ΑΥ, αυ	**av** or **af** depending on the following consonant
ΕΙ, ει	**i** as in k**i**t, but a bit longer
ΕΥ, ευ	**ev** or **ef** depending on the following consonant
ΟΙ, οι	**i** as in k**i**t, but a bit longer
ΟΥ, ου	**oo** as in s**oo**n
ΓΓ, γγ	**ng** as in E**ng**lish
ΓΚ, γκ	**ng** as in E**ng**lish, and **g** as in **g**et at the beginning of a word
ΜΠ, μπ	**b** as in **b**ar, and sometimes as **mb** as in e**mb**arrass in the middle of a word

NT, ντ	**d** at the beginning of a word and sometimes **nd** as in a**nd** in the middle of a word
ΤΣ, τς	**ts** as in bi**ts**

Articles and Nouns

ARTICLES

There are three genders in Greek: masculine, feminine, or neuter. There are two articles, the definite and the indefinite. They are both inflected by gender and case, while the definite is also inflected by number. There is an agreement between the article and the noun it follows.

The indefinite article (*a, an*) for each gender is:

masc	fem	neut
ένας	μία	ένα
[**e**nas]	[**mi**a]	[**e**na]

Examples with a noun:

ένας άνδρας [**e**nas **a**nthras]	a man
μία γυναίκα [**mi**a yin**e**ka]	a woman
ένα παιδί [**e**na peth**i**]	a child

The definite article (*the*) for each gender is:

Singular

masc	fem	neut
ο	η	το
[o]	[i]	[to]

Plural

masc	fem	neut
οι	οι	τα
[i]	[i]	[ta]

Examples with a noun:

ο άνδρας [o **a**nthras]	the man
η γυναίκα [i yin**e**ka]	the woman
το παιδί [to peth**i**]	the child

οι άνδρες [i **a**nthres]	the men
οι γυναίκες [i yin**e**kes]	the women
τα παιδιά [ta peth**i**a]	the children

NOUN ENDINGS

The endings of nouns change according to the number or case.

Masculine Nouns

Masculine nouns usually have one of three endings:

Singular

-ας	**-ης**	**-ος**
ο άνδρας	ο ιδιοκτήτης	ο κάτοχος
[o **a**nthras]	[o ithiokt**i**tis]	[o k**a**tokhos]
the man	the owner	the occupant

Plural

-ες	**-ες**	**-οι**
οι άνδρες	οι ιδιοκτήτες	οι κάτοχοι
[i **a**nthres]	[i ithiokt**i**tes]	[i k**a**tokhi]
the men	the owners	the occupants

Some masculine nouns end in:

Singular

-άς	-ής	-ούς
ο ψαράς	ο φοιτητής	ο παππούς
[o psar**a**s]	[o fitit**i**s]	[o pap**oo**s]
the fisherman	the student	the grandfather

-ές
ο καφές
[o kaf**e**s]
the coffee

Plural

-άδες	-ές	-ούδες
οι ψαράδες	οι φοιτητές	οι παππούδες
[i psar**a**thes]	[i fitit**e**s]	[i pap**oo**thes]
the fishermen	the students	the grandfathers

-έδες
οι καφέδες
[i kaf**e**thes]
the coffees

Feminine Nouns

Most feminine nouns end in:

Singular

-α	-η
η γυναίκα	η νίκη
[i yin**e**ka]	[i n**i**ki]
the woman	the victory

Plural

-ες	-ες
οι γυναίκες	οι νίκες
[i yin**e**kes]	[i n**i**kes]
the women	the victories

There are some irregular feminine nouns ending in **-η** that form the plural in **-εις** or some feminine nouns ending in **-ος** that decline like the masculine ones.

Singular

-η	-ος
η λύση	η έξοδος
[i l**i**si]	[i **e**xothos]
the solution	the exit

Plural

-εις	-οι
οι λύσεις	οι έξοδοι
[i l**i**sis]	[i **e**xothi]
the solutions	the exits

Neuter Nouns

Neuter nouns end in:

Singular

-ι	-ο	-μα
το κρεμμύδι	το δώρο	το σημείωμα
[to krem**i**thi]	[to th**o**ro]	[to sim**i**oma]
the onion	the gift	the note

Plural

-ια	**-α**	**-ατα**
τα κρεμμύδια	το δώρα	το σημειώματα
[ta kre**mi**thia]	[ta th**o**ra]	[ta simi**o**mata]
the onions	the gifts	the notes

CASES

There are four cases in Modern Greek:

Nominative is used for the subjects of a sentence.

Το δωμάτιό μου είναι μεγάλο.
[to thom**atio** moo **i**ne meg**a**lo]
My room is big.

Genitive is used to denote possession.

Αυτή είναι η αδερφή του Γιάννη.
[aft**i** **i**ne i atherf**i** too y**a**ni]
This is John's sister.

Accusative is used for the objects of a sentence.

Έχασα το τρένο.
[**e**khasa to tr**e**no]
I missed the train.

Vocative is used when we call someone.

Θεέ μου!
[THe**e** moo]
Oh my God!

Verbs

In this guide, verbs are presented in the first person singular of the present tense. The endings are usually either **-ω** (active verbs) or **-μαι** (passive verbs). In this section, we will examine the conjugation of the three main tenses: present tense, past simple tense, and future simple tense. The tenses in Greek are based on two aspects: the imperfective aspect for ongoing actions and the perfective aspect for completed actions.

PRESENT TENSE

Present tense denotes both habitual and continuous aspects. The endings of the verbs depend on whether the stress falls on the last syllable or not.

	stress not on last syllable	*stress on last syllable*	
	δίνω *give*	**πουλώ** *sell*	**μπορώ** *be able*
I	δίν-ω [th**i**no]	πουλ-ώ [pool**o**]	μπορ-ώ [bor**o**]
you	δίν-εις [th**i**nis]	πουλ-άς [pool**a**s]	μπορ-είς [bor**i**s]
he/she	δίν-ει [th**i**ni]	πουλ-ά [pool**a**]	μπορ-εί [bor**i**]
we	δίν-ουμε [th**i**noome]	πουλ-άμε [pool**a**me]	μπορ-ούμε [bor**oo**me]
you	δίν-ετε [th**i**nete]	πουλ-άτε [pool**a**te]	μπορ-είτε [bor**i**te]
they	δίν-ουν [th**i**noon]	πουλ-ούν [pool**oo**n]	μπορ-ούν [bor**oo**n]

Past Simple Tense

Past simple tense is used to describe an action that has taken place in the past. In the simple past, the stress moves back one syllable and sometimes an ε must be added to the beginning of the verb so that this can happen.

	Perfective	*Imperfective*
buy	**αγοράζω**	**αγοράζω**
I	αγόρα-σ-α [ag**o**rasa]	αγόραζ-α [ag**o**raza]
you (*sing*)	αγόρα-σ-ες [ag**o**rases]	αγόραζ-ες [ag**o**razes]
he/she	αγόρα-σ-ε [ag**o**rase]	αγόραζ-ε [ag**o**raze]
we	αγορά-σ-αμε [agor**a**same]	αγοράζ-αμε [agor**a**zame]
you (*pl*)	αγορά-σ-ατε [agor**a**sate]	αγοράζ-ατε [agor**a**zate]
they	αγόρα-σ-αν [ag**o**rasan]	αγόραζ-αν [ag**o**razan]

	Perfective	*Imperfective*
run	**τρέχω**	**τρέχω**
I	έ-τρε-ξ-α [**e**trexa]	έ-τρε-χα [**e**trekha]
you (*sing*)	έ-τρε-ξ-ες [**e**trexes]	έ-τρε-χες [**e**trekhes]
he/she	έ-τρε-ξ-ε [**e**trexe]	έ-τρε-χε [**e**trekhe]

we	τρέ-ξ-αμε	τρέ-χ-αμε
	[tre**x**ame]	[tre**kh**ame]
you (*pl*)	τρέ-ξ-ατε	τρέ-χ-ατε
	[tre**x**ate]	[tre**kh**ate]
they	έ-τρε-ξ-αν	έ-τρε-χαν
	[**e**trexan]	[**e**trekhan]

FUTURE SIMPLE TENSE

Future simple tense is used to describe a future action. The way to form this tense (imperfective) is to take the present tense forms and add the word **θα** in front of them.

	Perfective	*Imperfective*
buy	**αγοράζω**	**αγοράζω**
I	θα αγορά-σ-ω	θα αγοράζ-ω
	[THa agor**a**so]	[THa agor**a**zo]
you (*sing*)	θα αγορά-σ-εις	θα αγοράζ-εις
	[THa agor**a**sis]	[THa agor**a**zis]
he/she	θα αγορά-σ-ει	θα αγοράζ-ει
	[THa agor**a**si]	[THa agor**a**zi]
we	θα αγορά-σ-ουμε	θα αγοράζ-ουμε
	[THa agor**a**soome]	[THa agor**a**zoome]
you (*pl*)	θα αγορά-σ-ετε	θα αγοράζ-ετε
	[THa agor**a**sete]	[THa agor**a**zεtε]
they	θα αγορά-σ-ουν	θα αγοράζ-ουν
	[THa agor**a**soon]	[THa agor**a**zoon]

	Perfective	*Imperfective*
run	τρέχω	τρέχω
I	θα τρέ-ξ-ω [THa tr**e**xo]	θα τρέ-χ-ω [THa tr**e**kho]
you (*sing*)	θα τρέ-ξ-εις [THa tr**e**xis]	θα τρέ-χ-εις [THa tr**e**khis]
he/she	θα τρέ-ξ-ει [THa tr**e**xi]	θα τρέ-χ-ει [THa tr**e**khi]
we	θα τρέ-ξ-ουμε [THa tr**e**xoome]	θα τρέ-χ-ουμε [THa tr**e**khoome]
you (*pl*)	θα τρέ-ξ-ετε [THa tr**e**xete]	θα τρέ-χ-ετε [THa tr**e**khete]
they	θα τρέ-ξ-ουν [THa tr**e**xoon]	θα τρέ-χ-ουν [THa tr**e**khoon]

GREEK-ENGLISH
DICTIONARY

A α

άβολος [avolos] uncomfortable
αγαθά [agaTHa] goods
άγαλμα [agalma] statue
αγαπώ [agapo] love (v.)
αγγελιοφόρος [angelioforos] messenger
αγγίζω [angizo] touch (v.)
Αγγλική γλώσσα [angliki glosa] English language
αγενής [ayenis] impolite, rude
αγκαλιάζω [angaliazo] hug (v.)
αγκινάρα [anginara] artichoke
αγνός [agnos] pure
αγνοώ [agnoo] ignore
άγνωστος [agnostos] unfamiliar (adj.)
αγορά [agora] marketplace
αγοράζω [agorazo] buy, purchase
αγόρι [agori] boy; boyfriend
άγριος [agrios] wild
αγωγός [agogos] conductor (pipe)
αγώνας [agonas] game
άδεια [athia] license, permit, permission
άδεια ψαρέματος [athia psarematos] fishing
  license
άδειος [athios] empty (adj.)
αδερφή [atherfi] sister
αδερφός [atherfos] brother
αέρας [aeras] air (n.)
αεροδρόμιο [aerothromio] airport
αεροπλάνο [aeroplano] airplane, plane
αεροπορική εταιρεία [aeroporiki eteria] airline
άθλημα [aTHlima] sport
αθλήματα [aTHlimata] sports
αθώος [aTHoos] innocent
αίθουσα [eTHoosa] hall
αίμα [ema] blood
αιμορραγώ [emorago] bleed

αισθάνομαι [esTHanome] feel (*v.*)
αισθάνομαι ναυτία [esTHanome naftia] seasick
αίτημα [etima] request (*n.*)
αιχμηρός [ekhmiros] sharp
αιώνας [eonas] century
ακαδημία [akathimia] academy
ακολουθώ [akolooTHo] follow
ακόμη [akomi] even
ακούω [akooo] hear, listen
ακριβής [akrivis] accurate, exact
ακριβός [akrivos] expensive
ακτή [akti] coast (*n.*), shore (*n.*)
ακτιβιστής [aktivistis] activist
ακτινογραφία [aktinografia] X-ray
ακυρώνω [akirono] cancel
αλάτι [alati] salt
αλεύρι [alevri] flour (*n.*)
αλήθεια [aliTHia] truth
αληθινός [aliTHinos] true
αλκοόλ [alkool] alcohol
αλλά [ala] but
αλλάζω [alazo] change (*v.*)
αλλεργία [aleryia] allergy
άλλος [alos] other
άλογο [alogo] horse
αλουμινόχαρτο [aloominokharto] aluminum foil
αλυσίδα [alisitha] chain (*n.*)
άμεσος [amesos] instant
άμμος [amos] sand
αμύγδαλο [amigthalo] almond
αν [an] if
αναβάλλω [anavalo] postpone
αναβιώνω [anaviono] revive (*v.*)
αναγνωρίζω [anagnorizo] identify, recognize
αναγνώριση [anagnorisi] identification
αναζητώ [anazito] seek
αναιμικός [anemikos] anemic

αναισθητικό [anesTHitiko] anesthetic

αναίσθητος [anesTHitos] unconscious (*adj.*)

ανακοίνωση [anakinosi] announcement

ανακριβής [anakrivis] incorrect

ανακτώ [anakto] retrieve (*v.*)

ανακυκλώνω [anakiklono] recycle

ανάληψη [analipsi] withdrawal

αναλογία [analoyia] ratio

αναμειγνύω [anamignio] mix (*v.*)

ανάμεσα [anamesa] among

αναπηρία [anapiria] disability

αναπηρικό καροτσάκι [anapiriko karotsaki] wheelchair

ανάπηρος [anapiros] disabled, handicapped

αναπνέω [anapneo] breathe

ανατολή [anatoli] east

αναφέρω [anafero] report (*v.*)

ανάφλεξη [anaflexi] ignition

αναχώρηση [anakhorisi] departure

ανεβαίνω [aneveno] mount (*v.*)

ανελκυστήρας [anelkistiras] lift (*n.*)

άνεμος [anemos] wind

ανεπαρκής [aneparkis] insufficient

ανέσεις [anesis] amenities

άνετος [anetos] comfortable

ανήκω [aniko] own (*v.*)

ανήλικος [anilikos] minor (*adj.*)

ανησυχώ [anisikho] worry (*v.*)

ανθίζω [anTHizo] flourish

ανθρώπινα δικαιώματα [anTHropina thikeomata] human rights (*n.*)

άνθρωποι [anTHropi] people

άνθρωπος [anTHropos] human

ανιψιά [anipsia] niece

ανιψιός [anipsios] nephew

άνοιξη [anixi] spring

ανοιχτός [anoikhtos] open (*adj.*)

ανταλλακτήριο [andalaktirio] currency exchange
ανταλλακτικό [andalaktiko] spare part
ανταλλάσσω [andalaso] exchange
αντιβιοτικά [andiviotika] antibiotics
αντίγραφο [andigrafo] copy (*n.*)
αντιηλιακό [andiiliako] sunblock
αντίκα [andika] antique
αντικαθιστώ [andikaTHisto] replace
αντισηπτικό [andisiptiko] antiseptic
αντιστρέφω [andistrefo] reverse (*v.*)
αντισυλληπτικό [andisiliptiko] contraceptive
αντισύλληψη [andisilipsi] contraception
αντίχειρας [andikhiras] thumb
αντιψυκτικό [andipsiktiko] antifreeze
αντλώ [andlo] pump (*v.*)
άντρας [andras] man
ανώτατος [anotatos] maximum
αξιοθέατα [axioTHeata] sightseeing
αξιόπιστος [axiopistos] reliable
αξιωματικός [axiomatikos] officer
άξονας [axonas] axle
απαγάγω [apagago] kidnap
απαγόρευση κυκλοφορίας [apagorefsi kikloforias] curfew
απαγορεύω [apagorevo] prohibit
απαίτηση [apetisi] demand (*n.*)
απαιτώ [apeto] require
απαλός [apalos] soft
απαντώ [apando] reply (*v.*)
απασχολημένος [apaskholimenos] busy
απάτη [apati] fraud
απειλή [apili] threat (*n.*)
απέναντι [apenandi] across, opposite
απλός [aplos] plain
από κάτω [apo kato] below
αποβάθρα [apovaTHra] dock
απόγευμα [apoyevma] afternoon

απόδειξη [ap**o**thixi] receipt
απόδειξη πώλησης [ap**o**thixi p**o**lisis] sales receipt
αποζημίωση [apozimi**o**si] compensation
αποθήκη [apoTH**i**ki] depot
αποκρύπτω [apokr**i**pto] conceal
απολογούμαι [apolog**oo**me] apologize
αποπλέω [apopl**e**o] sail (v.)
απορρίμματα [apor**i**mata] litter
απορρυπαντικό [aporipandik**o**] detergent
αποσκευή [aposkev**i**] baggage, luggage
αποσμητικό [aposmitik**o**] deodorant
αποστειρωμένος [apostirom**e**nos] sterile
απόφαση [ap**o**fasi] decision
αποφασίζω [apofas**i**zo] decide
αποφεύγω [apof**e**vgo] avoid
απόψε [ap**o**pse] tonight
Απρίλιος [apr**i**lios] April
άπταιστος [**a**ptestos] fluent
αράχνη [ar**a**khni] spider
αργά [arg**a**] late
αργός [arg**o**s] slow
αργότερα [arg**o**tera] later
αρέσω [ar**e**so] like (v.)
αρθρίτιδα [arTHr**i**titha] arthritis
αριθμός [ariTHm**o**s] number (n.)
αριθμός θέσης [ariTHm**o**s TH**e**sis] seat number
αριθμός πτήσης [ariTHm**o**s pt**i**sis] flight number
αριστερά [arister**a**] left (adv.)
αρκετά [arket**a**] enough
αρνί [arn**i**] lamb
αρνούμαι [arn**oo**me] deny
αρουραίος [aroor**e**os] rat
αρρώστια [ar**o**stia] illness
άρρωστος [**a**rostos] sick
αρχή [arkh**i**] authority; beginning
αρχίζω [arkh**i**zo] start (v.)
αρχιτεκτονική [arkhitektonik**i**] architecture

ασανσέρ [asanser] elevator
ασήμι [asimi] silver
ασθένεια [asTHenia] disease
ασθενής [asTHenis] patient (*n.*)
ασθενοφόρο [asTHenoforo] ambulance
άσθμα [asTHma] asthma
ασπιρίνη [aspirini] aspirin
άσπρο [aspro] white
άστεγος [astegos] homeless
αστράγαλος [astragalos] ankle
αστραπή [astrapi] lighting
αστράφτω [astrafto] flash
αστυνομία [astinomia] police
αστυνομικό τμήμα [astinomiko tmima] police
   station
ασυνήθιστος [asiniTHistos] unusual (*adj.*)
ασύρματο Ίντερνετ [asirmato indernet] wireless
   Internet
ασφάλεια [asfalia] safety, security
ασφαλής [asfalis] safe (*adj.*)
ασφάλιση [asfalisi] insurance
ασφάλιση υγείας [asfalisi iyias] health insurance
ατομικός [atomikos] individual
άτομο [atomo] person
ατύχημα [atikhima] accident
αυγή [avyi] dawn
αυγό [avgo] egg
Αύγουστος [avgoostos] August
αυθεντικός [afTHendikos] original
αύριο [avrio] tomorrow
αυτή [afti] she
αυτί [afti] ear
αυτό [afto] it
αυτοί [afti] they
αυτοκίνητο [aftokinito] automobile, car
αυτόματο κιβώτιο ταχυτήτων [aftomato kivotio
   takhititon] automatic transmission

αυτόματος [aft**o**matos] automatic
αυτός [aft**o**s] he; this
αφαιρώ [afer**o**] remove
αφήνω [af**i**no] leave
αφορολόγητος [aforol**o**yitos] duty-free
αφρός ξυρίσματος [afr**o**s xir**i**smatos] shaving cream

Β β

βαζάκι [vaz**a**ki] jar
βαθύς [vaTH**i**s] deep
βαλίτσα [val**i**tsa] suitcase
βαμβάκι [vamv**a**ki] cotton
βανίλια [van**i**lia] vanilla
βαρέλι [var**e**li] barrel
βάρκα [v**a**rka] boat
βαρύς [var**i**s] heavy
βασανίζω [vasan**i**zo] torture (*v.*)
βάση [v**a**si] base (*n.*)
βασιλεία [vasil**i**a] royalty
βάφω [v**a**fo] dye (*v.*)
βελόνα [vel**o**na] needle
βενζίνη [venz**i**ni] gasoline, petrol
βερίκοκο [ver**i**koko] apricot
βήμα [v**i**ma] step (*n.*)
βήχας [v**i**khas] cough (*n.*)
βία [v**i**a] violence
βιάζομαι [vi**a**zome] hurry (*v.*)
βιασμός [viasm**o**s] rape (*n.*)
βιβλίο [vivl**i**o] book (*n.*)
βιβλιοθήκη [vivlioTH**i**ki] library
βιβλιοπωλείο [vivliopol**i**o] bookstore
βίβλος [v**i**vlos] bible
βίδα [v**i**tha] screw (*n.*)
βίζα [v**i**za] visa
βίζα εισόδου [v**i**za is**o**thoo] entry visa
βίντεο [v**i**ndeo] video

βλάβη [vlavi] damage (*n.*)
βλάπτω [vlapto] harm (*v.*)
βλέπω [vlepo] see
βοδινό [vothino] beef
βοηθάω [voiTHao] assist
βοήθεια [voiTHia] aid (*n.*), help (*n.*)
βοήθεια καταλόγου [voiTHia katalogoo] directory assistance
βολικός [volikos] convenient
βόμβα [vomva] bomb (*n.*)
βοοειδή [vooithi] cattle
βόρεια [voria] north
βορειοανατολικά [vorianatolika] northeast
βορειοδυτικά [voriothitika] northwest
βότανο [votano] herb; verb
βουνό [voono] mountain
βούτυρο [vootiro] butter (*n.*)
βραβείο [vravio] prize
βράδυ [vrathi] evening
βραστήρας [vrastiras] kettle
βρέφος [vrefos] infant
βρίσκω [vrisko] find
βροχή [vrokhi] rain (*n.*)
βρύση [vrisi] faucet
βρωμιά [vromia] dirt
βρώμικος [vromikos] dirty
βωμός [vomos] altar

Γ γ

γάλα [gala] milk
γαλακτομικά [galaktomika] dairy
γάμος [gamos] marriage, wedding
γάτα [gata] cat
γεγονός [yegonos] event
γεια σας/γεια σου [ya sas/ya soo] hello
γείτονας [yitonas] neighbor

γειτονιά [yitonia] neighborhood
γελώ [yelo] laugh
γεμάτος [yematos] full
γεμίζω [yemizo] fill
γενέθλια [yeneTHlia] birthday
γενικός [yenikos] general
γερουσία [yeroosia] senate
γερουσιαστής [yeroosiastis] senator
γεύμα [yevma] meal
γεύση [yefsi] flavor, taste
γέφυρα [yefira] bridge (*n.*)
γεωργία [yeoryia] agriculture
γη [yi] earth; land (*n.*)
για [ya] about
γιαγιά [yaya] grandmother
γιαούρτι [yaoorti] yogurt
γιατί [yati] why (*adv.*)
γιατρός [yatros] doctor, physician
γίνομαι [yinome] become (*v.*)
γιος [yos] son
γκρεμός [gremos] cliff
γκρουπ [groop] group
γλουτός [glootos] bottom (anatomy)
γλυκός [glikos] sweet
γλυπτό [glipto] sculpture
γλώσσα [glosa] language
γνωρίζω [gnorizo] know
γόμα [goma] rubber
γόνατο [gonato] knee (*n.*)
γονιός [gonios] parent
γουρούνι [goorooni] pig
γραβάτα [gravata] tie (*n.*)
γράμμα [grama] letter
γραμμάριο [gramario] gram
γραμματέας [gramateas] secretary
γραμματική [gramatiki] grammar
γραμματοκιβώτιο [gramatokivotio] postbox

γραμματόσημο [gramatosimo] stamp (*n.*)
γραφείο [grafio] desk; office
γραφειοκρατία [grafiokratia] bureaucracy
γράφω [grafo] write
γρήγορος [grigoros] quick, rapid
γρίπη [gripi] flu, influenza
γροθιά [groTHia] fist; punch (*n.*)
γυαλιά [yalia] eyeglasses
γυμναστήριο [yimnastirio] gym
γυμνός [yimnos] naked
γυναίκα [yineka] woman
γύρω [yiro] around
γωνία [gonia] corner (*n.*)

Δ δ

δαγκώνω [thangono] bite (*v.*)
δάνειο [thanio] loan (*n.*)
δάσκαλος [thaskalos] teacher
δάσος [thasos] forest
δαχτυλίδι [thakhtilithi] ring
δάχτυλο [thakhtilo] finger
δείγμα [thigma] sample
δείπνο [thipno] dinner
δειπνώ [thipno] dine
δείχνω [thikhno] show (*v.*)
δέκα [theka] ten
δεκαεννιά [thekaenia] nineteen
δεκαέξι [thekaexi] sixteen
δεκαεπτά [thekaepta] seventeen
δεκαετία [thekaetia] decade
δεκαοκτώ [thekaokto] eighteen
δεκαπέντε [thekapende] fifteen
δεκατέσσερα [thekatesera] fourteen
Δεκέμβριος [thekemvrios] December
δέμα [thema] parcel
δεξαμενή [thexameni] reservoir

δεξιά [thexia] right (*adv.*)
δέρμα [therma] leather; skin
δεσποινίς [thespinis] Ms. (title)
Δευτέρα [theftera] Monday
δευτερόλεπτο [thefterolepto] second (time) (*n.*)
δεύτερος [thefteros] second (numeral) (*adj.*)
δέχομαι [thekhome] accept
δηλητήριο [thilitirio] poison
δηλώνω [thilono] declare
δήμαρχος [thimarkhos] mayor
δημητριακό [thimitriako] cereal
δημοκρατία [thimokratia] democracy, republic
δημόσια συγκοινωνία [thimosia singinonia] public
   transportation
δημόσια τουαλέτα [thimosia tooaleta] public toilet
δημόσιο τηλέφωνο [thimosio tilefono] public
   telephone
δημοσιογράφος [thimosiografos] journalist
δημόσιος [thimosios] public (*adj.*)
διαβάζω [thiavazo] read
διαβατήριο [thiavatirio] passport
διαβητικός [thiavitikos] diabetic
διάγνωση [thiagnosi] diagnosis
διαδρομή [thiathromi] route
διάδρομος [thiathromos] aisle
διαθέσιμος [thiaTHesimos] available; spare (*adj.*)
δίαιτα [thieta] regime
διαιτητής [thietitis] referee (*n.*)
διακινδυνεύω [thiakinthinevo] compromise
διακοπές [thiakopes] holiday, vacation
διαμαρτύρομαι [thiamartirome] protest
διαμέρισμα [thiamerisma] apartment
διαμονή [thiamoni] accommodations
διανοητικός [thianoitikos] mental
διάρκεια της ημέρας [thiarkia tis imeras] daytime
διάρροια [thiaria] diarrhea
διάσειση [thiasisi] concussion

διασκέδαση [thiaskethasi] fun
διασταύρωση [thiastavrosi] intersection, junction
διασώζω [thiasozo] rescue (*v.*)
διαφήμιση [thiafimisi] advertisement
διαφθείρω [thiafTHiro] corrupt
διαφορετικός [thiaforetikos] different
διαφωνώ [thiafono] disagree, dispute (*v.*)
διεθνής [thieTHnis] international
διερμηνέας [thiermineas] interpreter
διερμηνεία [thierminia] interpretation
διερμηνεύω [thierminevo] interpret
διευθυντής ορχήστρας [thiefTHindis orkhistras]
  conductor (orchestra)
διεύθυνση [thiefTHinsi] address (*n.*)
δικαιοσύνη [thikeosini] justice
δικαστήριο [thikastirio] court
δικαστής [thikastis] judge
δίκη [thiki] trial (*n.*)
δικηγόρος [thikigoros] lawyer
δικός μας [thikos mas] our
δικός μου [thikos moo] mine
δίνω [thino] give
διοίκηση [thiikisi] administration
δίπλα σε [thipla se] next to
διπλός [thiplos] double (*adj.*); twin
δίπλωμα οδήγησης [thiploma othiyisis] driver's
  license
διπλωμάτης [thiplomatis] diplomat
δίσκος [thiskos] tray
διψάω [thipsao] thirsty
διώκω ποινικά [thioko pinika] prosecute (*v.*)
δοκιμαστήριο [thokimastirio] changing room,
  fitting room
δολάριο [tholario] dollar
δόντι [thondi] tooth
δορυφόρος [thoriforos] satellite
δουλειά [thoolia] job

δουλεύω [thoolevo] work
δράμα [thrama] drama
δραστηριότητα [thrastiriotita] activity
δρομολόγιο [thromoloyio] itinerary
δρόμος [thromos] road, street
δρω [thro] act (*v.*)
δυνατός [thinatos] loud
δύο φορές [thio fores] twice (*adv.*)
δυσκοίλιος [thiskilios] constipated
δύσκολος [thiskolos] difficult
δυστυχισμένος [thistikhismenos] unhappy (*adj.*)
δυτικός [thitikos] west
δώδεκα [thotheka] twelve
δωδεκάδα [thothekatha] dozen
δωμάτιο [thomatio] room
δώρο [thoro] gift
δωροδοκώ [thorothoko] bribe (*v.*)

Ε ε

εβδομάδα [evthomatha] week
εβδομήντα [evthominda] seventy
Εβραίος [evreos] Jew
εγγραφή [engrafi] registration
έγγραφο [engrafo] document (*n.*)
έγκλημα [englima] crime
έγκυος [engios] pregnant
εγχείρηση [enkhirisi] surgery
εγχειρίδιο [enkhirithio] manual (book) (*n.*)
εγώ [ego] I
έδαφος [ethafos] ground (*n.*)
εδώ [etho] here
εθελοντής [eTHelondis] volunteer (*n.*)
εθνική οδός [eTHniki othos] highway
εθνικός [eTHnikos] ethnic
έθνος [eTHnos] nation
έι (παρέμβαση) [ei(paremvasi)] hey (*interj.*)

είδη ζαχαροπλαστικής [**i**thi zakharoplastik**i**s] pastry
ειδικός [ithik**o**s] special
είδος [**i**thos] kind (*n.*), type (*n.*)
εικόνα [ik**o**na] picture
είκοσι [**i**kosi] twenty
ειλικρινής [ilikrin**i**s] honest
είμαι [**i**me] I am
είμαστε [**i**maste] we are
είναι [**i**ne] he/she/it is; they are
ειρήνη [ir**i**ni] peace
εισάγω [is**a**go] admit; import
εισαγωγή [isagoy**i**] admission
είσαι [**i**se] you (*sing.*) are
εισβολέας [isvol**e**as] intruder
εισιτήριο [isit**i**rio] ticket (*n.*)
εισιτήριο μετ' επιστροφής [isit**i**rio metepistrof**i**s] round-trip ticket
εισόδημα [is**o**thima] income
είσοδος [**i**sothos] entrance, admission, entry
είστε [**i**ste] you (*pl.*) are
εκατό [ekat**o**] hundred
εκατομμύριο [ekatom**i**rio] million
έκδοση [**e**kthosi] issue (*n.*)
εκεί [ek**i**] there
εκείνος [ek**i**nos] that
εκθέτω [ekTH**e**to] exhibit (*v.*)
εκκενώνω [eken**o**no] evacuate
έκκληση [**e**klisi] appeal (*n.*)
εκκλησία [eklis**i**a] church
εκλογή [ekloy**i**] election
έκπληξη [**e**kplixi] surprise (*n.*)
έκπτωση [**e**kptosi] discount (*n.*)
εκτιμώ [ektim**o**] estimate (*v.*)
εκτός [ekt**o**s] except
εκτυπωτής [ektipot**i**s] printer
εκφράζω [ekfr**a**zo] express

εκφωνητής [ekfonitis] announcer

ελαφρύς [elafris] light (not heavy) (*adj.*)

έλεγχος [elenkhos] check (inspection) (*n.*)

έλεγχος αποσκευών [elenkhos aposkevon] baggage check

ελέγχω [elenkho] check (*v.*)

ελεύθερο δωμάτιο [elefTHero thomatio] vacancy

ελεύθερος [elefTHeros] free (*adj.*); single (*n.*)

ελιά [elia] olive

εμβολιάζω [emvoliazo] vaccinate

εμείς [emis] we (*pron.*)

εμμηνόρροια [eminoria] menstruation

εμπειρία [embiria] experience

εμπιστεύομαι [embistevome] trust (*v.*)

εμπόδιο [embothio] barrier

εμπορικό κέντρο [emboriko kendro] shopping center

εμπόριο [emborio] trade (*n.*)

έμπορος [emboros] merchant

εμφανίζομαι [emfanizome] appear

ένα [ena] one

ενδυμασία [enthimasia] clothing

ενενήντα [eneninda] ninety

ενέργεια [eneryia] energy

ενήλικας [enilikas] adult

εννιά [enia] nine

ενοικιάζω [enikiazo] rent (*v.*)

ένοικος [enikos] tenant

ενότητα [enotita] section (*n.*)

ενοχλώ [enokhlo] disturb, irritate

ένοχος [enokhos] guilty

εντάξει [endaxi] OK

έντεκα [endeka] eleven

έντομο [endomo] insect

εντομοαπωθητικό [endomoapoTHitiko] insect repellant

ένωση [enosi] union

εξάγω [exago] export

εξαιρώ [exero] exclude
εξαιτίας [exetias] because of
εξαντλήθηκε [exandliTHike] sold out
εξαντλώ [exandlo] exhaust
εξάπτομαι [exaptome] flush
εξαργυρώνω [exaryirono] cash (v.)
εξέγερση [exeyersi] riot
εξετάζω [exetazo] examine
εξηγώ [exigo] explain
εξήντα [exinda] sixty
έξι [exi] six
έξοδο [exotho] expense
έξοδος [exothos] exit
εξοπλισμός [exoplismos] equipment
εξυπηρετητής [exipiretitis] server
εξυπηρετώ [exipireto] serve
έξω [exo] out (adv.); outside
εξωκλήσι [exoklisi] chapel
επάγγελμα [epangelma] occupation
επαγγελματικός [epangelmatikos] professional
επαναλαμβάνω [epanalamvano] repeat
επανάσταση [epanastasi] rebellion, revolution
επαναστατώ [epanastato] rebel (v.)
επαρχία [eparkhia] province
επείγον περιστατικό [epigon peristatiko]
   emergency
επέτειος [epetios] anniversary
επηρεάζω [epireazo] influence (v.)
επιβάτης [epivatis] passenger
επιβεβαιώνω [epiveveono] confirm
επίδεσμος [epithesmos] bandage
επιδιορθώνω [epithiorTHono] fix (v.), repair (v.)
επιδόρπιο [epithorpio] dessert
επίθεση [epiTHesi] attack (n.)
επιθεωρώ [epiTHeoro] inspect
επικεφαλής [epikefalis] chief (adj.)
επικοινωνία [epikinonia] communication

επιλέγω [epilego] select (v.)
επιληπτικός [epiliptikos] epileptic
επιλογή [epiloyi] option, selection
επίπεδο [epipetho] level (n.)
επίπεδος [epipethos] flat (adj.)
έπιπλα [epipla] furniture
επιπλέον [epipleon] extra
επιπλωμένος [epiplomenos] furnished
επίσημος [episimos] formal, official
επίσης [episis] also
επισκέπτης [episkeptis] visitor
επισκέπτομαι [episkeptome] visit (v.)
επιστήμη [epistimi] science
επιστρέφω [epistrefo] return (v.)
επιστροφή χρημάτων [epistrofi khrimaton]
    refund (n.)
επιταγή [epitayi] check (bank) (n.)
επιταχυντής (γκάζι) [epitakhindis (gazi)]
    accelerator (gas pedal)
επιτίθεμαι [epitiTHeme] assault (v.)
επιτρέπεται [epitrepete] allowed
επιτρέπεται το ψάρεμα [epitrepete to psarema]
    fishing permitted
επιτρέπω [epitrepo] allow, permit (v.)
επιχείρηση [epikhirisi] business
επόμενος [epomenos] next
επόμενος χρόνος [epomenos khronos] next year
εποχή [epokhi] season (n.)
εποχιακός [epokhiakos] seasonal (adj.)
επτά [epta] seven
επώδυνος [epothinos] painful
επώνυμο [eponimo] surname
εργαζόμενος [ergazomenos] employee
εργαλείο [ergalio] tool
έργο [ergo] play (n.); project (n.)
εργοδότης [ergothotis] employer
ερεθισμένος [ereTHismenos] sore (adj.)

ερείπια [er**i**pia] ruins
έρευνα [**e**revna] search (*n.*)
έρημος [**e**rimos] desert
έρχομαι [**e**rkhome] come
ερώτηση [er**o**tisi] inquiry, question (*n.*)
εστιατόριο [estiat**o**rio] restaurant
εσύ/εσείς [es**i**/es**i**s] you (*pron.*)
εσώρουχο [es**o**rookho] underwear
εσωτερικός [esoterik**o**s] domestic; indoor
εταιρεία [eter**i**a] company
ετεροφυλόφιλος [eterofil**o**filos] heterosexual
ετήσιος [et**i**sios] annual
ετικέτα [etik**e**ta] tag
έτοιμος [**e**timos] ready
ευαίσθητος [ev**e**sTHitos] sensitive
ευγένεια [evy**e**nia] courtesy
ευγενικός [evyenik**o**s] polite
ευθεία [efTH**i**a] straight
ευλογία [evloy**i**a] bless (*n.*)
ευρωπαϊκός [evropaik**o**s] European
Ευρώπη [evr**o**pi] Europe
ευχάριστος [efkh**a**ristos] pleasant
εφημερίδα [efimer**i**tha] newspaper
εχθρικός [ekhTHrik**o**s] hostile
εχθρός [ekhTR**o**s] enemy

Ζ ζ

ζαλισμένος [zalism**e**nos] dizzy
ζάχαρη [z**a**khari] sugar
ζεστός [zest**o**s] hot; warm (*v.*)
ζευγάρι [zevg**a**ri] pair
ζητιάνος [ziti**a**nos] beggar
ζούγκλα [z**oo**ngla] jungle
ζυγίζω [ziy**i**zo] weigh
ζυμαρικά [zimarik**a**] pasta
ζύμη [z**i**mi] dough

ζω [zo] live (v.)
ζωή [zoi] life
ζώνη ασφάλειας [zoni asfalias] seat belt
ζωντανός [zondanos] alive
ζώο [zoo] animal
ζωολογικός κήπος [zooloyikos kipos] zoo

Η η

ή [i] or
η ώρα [i ora] o'clock
ηγέτης [iyetis] leader
ηθοποιός [iTHopios] actor
ηλεκτρικό ρεύμα [ilektriko revma] power (n.)
ηλεκτρικό σίδερο [ilektriko sithero] iron (n.)
ηλεκτρικός [ilektrikos] electric
ηλεκτρισμός [ilektrismos] electricity
ηλεκτρονικό ταχυδρομείο [ilektroniko takhithromio]
    e-mail
ηλιακό έγκαυμα [iliako engafma] sunburn
ηλικία [ilikia] age (n.)
ηλικιωμένος [ilikiomenos] senior
ήλιος [ilios] sun
ήμασταν [imastan] we were
ημέρα [imera] day
ημερολόγιο [imeroloyio] calendar
ημερομηνία [imerominia] date (n.)
ημερομηνία γέννησης [imerominia yenisis] date
    of birth
ημερομηνία λήξης [imerominia lixis] expiration
    date
ημικρανία [imikrania] migraine
ήμουν [imoon] I was
Ηνωμένες Πολιτείες [inomenes polities] United
    States
ήπιος [ipios] mild
ηρεμιστικό [iremistiko] sedative

ήσασταν [isastan] you (*pl.*) were
ήσουν [isoon] you (*sing.*) were
ήσυχος [isikhos] quiet (*adj.*)
ήταν [itan] he/she/it was; they were
ήχος [ikhos] sound (*n.*)

Θ θ

θάβω [THavo] bury
θάλασσα [THalasa] sea
θαλασσινά [THalasina] seafood
θέα [THea] view
θέατρο [THeatro] theater
θείος [THios] uncle
θέλω [THelo] want
θεραπεία [THerapia] cure (*n.*), remedy (*n.*)
θεραπεύω [THerapevo] treat (*v.*)
θερμοκρασία [THermokrasia] temperature
θερμότητα [THermotita] heat (*n.*)
θέση [THesi] seat
θεσμός [THesmos] institution
θήκη [THiki] case
θηλυκός [THilikos] female
θόρυβος [THorivos] noise
θρησκεία [THriskia] religion
θυμάμαι [THimame] remember
θυμωμένος [THimomenos] angry
θυρίδα [THiritha] locker

Ι ι

Ιανουάριος [ianooarios] January
ιατρική συνταγή [iatriki sindayi] prescription
ιδέα [ithea] idea
ιδιοκτήτης [ithioktitis] owner (*n.*)
ίδιος [ithios] same
ιδιωματισμός [ithiomatismos] idiom

ιδιωτική περιουσία [ithiotiki perioosia] private property

ιδιωτικό δωμάτιο [ithiotiko thomatio] private room

ιδιωτικός [ithiotikos] private

ιδιωτικότητα [ithiotikotita] privacy

ιδρώνω [ithrono] sweat

ιερός [ieros] holy, sacred

ικανός [ikanos] able

ινσουλίνη [insoolini] insulin

Ίντερνετ [indernet] Internet

ιός [ios] virus

ιός ανθρώπινης ανοσοανεπάρκειας [ios anTHropinis anosoaneparkias] HIV

Ιούλιος [ioolios] July

Ιούνιος [ioonios] June

ιππεύω [ipevo] ride (*v.*)

ίσος [isos] equal (*adj.*)

Κ κ

κ. [kirios] Mr. (title)

κα. [kiria] Mrs. (title)

καθαρίζω [kaTHarizo] wipe (*v.*)

καθαρός [kaTHaros] clean

κάθε [kaTHe] every

καθεδρικός ναός [kaTHethrikos naos] cathedral

καθηγητής [kaTHiyitis] professor, tutor (*n.*)

καθημερινή [kaTHimerini] weekday

καθημερινός [kaTHimerinos] casual

κάθομαι [kaTHome] sit

καθρέφτης [kaTHreftis] mirror (*n.*)

καθυστερώ [kaTHistero] delay (*v.*)

και [ke] and

καινούργιος [kenooryos] new (*adj.*)

καιρός [keros] weather

κακάο [kakao] cocoa

κακός [kakos] bad (*adj.*)
καλάθι [kalaTHi] basket
καλάθι αγορών [kalaTHi agoron] shopping basket
καλάμι ψαρέματος [kalami psarematos] fishing rod
καλαμπόκι [kalamboki] corn
καλεσμένος [kalesmenos] guest
καλλυντικά [kalindika] cosmetics
καλόγρια [kalogria] nun
καλοκαίρι [kalokeri] summer
καλός [kalos] good
κάλτσα [kaltsa] sock
καλύπτω [kalipto] cover (*v.*)
καλώ [kalo] call (*v.*), summon (*v.*)
καλώδια μπαταρίας αυτοκινήτου [kalothia batarias aftokinitoo] jumper cables
καλώδιο [kalothio] cable (*n.*)
καλωσορίζω [kalosorizo] welcome
καμαριέρα [kamariera] maid
κάμερα [kamera] camera
καμπάνα [kambana] bell (church)
κανάλι [kanali] channel (*n.*)
κανάτα [kanata] jug
κανέλα [kanela] cinnamon
κανόνας [kanonas] rule (*n.*)
κανονικός [kanonikos] regular
κάνω [kano] do
κάνω ανάληψη [kano analipsi] withdraw
κάνω εμετό [kano emeto] vomit (*v.*)
κάνω ένεση [kano enesi] inject
κάνω κράτηση [kano kratisi] reserve
κάνω πατινάζ [kano patinaz] skate (*v.*)
καπάκι [kapaki] lid
καπέλο [kapelo] hat
καπνίζω [kapnizo] smoke (*v.*)
κάπνισμα [kapnisma] smoking
κάποιος [kapios] someone

κάποτε [kapote] once
καραμέλα [karamela] candy
καραντίνα [karandina] quarantine
καρδιά [karthia] heart
καρδιακή προσβολή [karthiaki prosvoli] heart attack
καρέκλα [karekla] chair
καρότο [karoto] carrot
καροτσάκι [karotsaki] cart; trolley (n.)
καρπός [karpos] wrist
καρτ ποστάλ [kartpostal] postcard
κάρτα [karta] card
κάρτα επιβίβασης [karta epivivasis] boarding pass
καρύδα [karitha] coconut
καρχαρίας [karkharias] shark
κασκόλ [kaskol] scarf
κατά [kata] against
κατάδυση [katathisi] dive (n.)
κατάθεση [kataTHesi] deposit (n.)
καταιγίδα [kateyitha] storm
καταλαβαίνω [katalaveno] understand (v.)
κατάλληλος [katalilos] proper (adj.)
κατάλογος [katalogos] directory
καταπάτηση [katapatisi] trespassing
καταπίνω [katapino] swallow (v.)
κατασκηνώνω [kataskinono] camp
κατάσταση [katastasi] state
κατάστημα [katastima] store (n.)
κατάστημα επισκευών [katastima episkevon] repair shop
κατάστημα μεταχειρισμένων [katastima metakhirismenon] secondhand store
καταστροφή [katastrofi] disaster
κατάστρωμα [katastroma] deck
καταφύγιο [katafiyio] refuge, sanctuary, shelter
κατεύθυνση [katefTHinsi] direction
κατεψυγμένος [katepsigmenos] frozen

κατηγορώ [katigoro] accuse
κάτι [kati] something
κατοικίδιο ζώο [katikithio zoo] pet
κάτοχος [katokhos] occupant
κατσαβίδι [katsavithi] screwdriver
κατσαρόλα [katsarola] pot
κατσίκα [katsika] goat
κάτω [kato] down
κάτω από [kato apo] under (*prep.*)
κατώτατος [katotatos] minimum
καύσιμο [kafsimo] fuel
καυσόξυλα [kafsoxila] firewood
καφέ [kafe] café
καφέ [kafe] brown
καφές [kafes] coffee
κέντρο [kendro] center (*n.*); downtown
κεραμικά [keramika] pottery
κεραυνός [kerafnos] thunder
κερδίζω [kerthizo] win (*v.*)
κέρδος [kerthos] profit (*n.*)
κεφάλαιο [kefaleo] chapter
κεφάλι [kefali] head
κηδεία [kithia] funeral
κήπος [kipos] garden (*n.*)
κίνδυνος [kinthinos] danger, hazard, risk
κινηματογράφος [kinimatografos] movie theater
κινητήρας [kinitiras] motor
κινητό τηλέφωνο [kinito tilefono] mobile phone
κίτρινο [kitrino] yellow
κλαίω [kleo] cry (*v.*)
κλαμπ [klamb] club
κλασικός [klasikos] classic
κλέβω [klevo] steal
κλειδί [klithi] key (*n.*)
κλειδώνω [klithono] lock (*n.*)
κλειδώνω έξω [klithono exo] lock out
κλείνω [klino] close (*v.*), shut

κλειστά, κλειστός [klista, klistos] off (*adv./adj.*)
κλειστός [klistos] closed
κλεμμένος [klemenos] stolen
κλέφτης [kleftis] thief
κλίμα [klima] climate
κλιματισμός [klimatismos] air conditioning
κλινάμαξα [klinamaxa] sleeping car
κλινική [kliniki] clinic
κλινοσκεπάσματα [klinoskepasmata] bedding
κλοπή σε μαγαζί [klopi se magazi] shoplifting
κλουβί [kloovi] cage (*n.*)
κλωτσάω [klotsao] kick (*v.*)
κόβω [kovo] cut (*v.*)
κοιμάμαι [kimame] sleep (*v.*)
κοιμητήριο [kimitirio] cemetery
κοιμισμένος [kimismenos] asleep
κοινοβούλιο [kinovoolio] parliament
κοινός [kinos] ordinary
κοιτάζω [kitazo] look
κόκκαλο [kokako] bone
κόκκινο [kokino] red
κολιέ [kolie] necklace
κόλλα [kola] glue (*n.*)
κόλπο [kolpo] trick (*n.*)
κολυμπάω [kolimbao] swim
κομμάτι [komati] piece
κομοδίνο [komothino] cabinet
κόμπος [kombos] knot
κοντά [konda] close (*adv.*), near (*prep.*)
κοντέρ [konder] speedometer
κοντινός [kondinos] nearby (*adj.*)
κοντός [kondos] short
κορδέλα [korthela] ribbon
κορδόνι [korthoni] cord
κόρη [kori] daughter
κορίτσι [koritsi] girl; girlfriend
κορυφή [korifi] peak, top

κόσερ [koser] kosher
κοσμήματα [kosmimata] jewelry
κοσμικός [kosmikos] secular (*adj.*)
κόσμος [kosmos] world
κόστος [kostos] cost (*n.*)
κοστούμι [kostoomi] suit (*n.*)
κοτόπουλο [kotopoolo] chicken
κουβέρτα [kooverta] blanket
κουδούνι [koothooni] bell (door)
κουζίνα [koozina] kitchen; stove
κουλτούρα [kooltoora] culture
κουμπί [koombi] button (*n.*)
κουνούπι [koonoopi] mosquito
κουνουπιέρα [koonoopiera] mosquito net
κουρέας [kooreas] barber
κουτάλι [kootali] spoon (*n.*)
κουτί [kooti] box (*n.*)
κουτί πρώτων βοηθειών [kooti proton voiTHion]
    first-aid kit
κρανίο [kranio] skull
κρασί [krasi] wine
κράτηση [kratisi] reservation
κρατώ [krato] keep (*v.*)
κρέας [kreas] meat
κρεβάτι [krevati] bed
κρεβατοκάμαρα [krevatokamara] bedroom
κρέμα [krema] cream (*n.*)
κρεμμύδι [kremithi] onion
κρεοπώλης [kreopolis] butcher
κρύος [krios] cold
κτίριο [ktirio] building
κυβέρνηση [kivernisi] government
κύκλος [kiklos] circle (*n.*)
κυκλοφορία [kikloforia] traffic
κυλιόμενη σκάλα [kiliomeni skala] escalator
κυνηγός [kinigos] hunter
κυνηγώ [kinigo] hunt (*v.*)

κυρία [kiria] lady
κύριος [kirios] main (*adj.*); sir
κύρωση [kirosi] sanction
κωδικός κλήσης [kothikos klisis] dialing code
κωδικός πρόσβασης [kothikos prosvasis] password
κωδικός χώρας [kothikos khoras] country code
κωμωδία [komothia] comedy
κωφός [kofos] deaf

Λ λ

λάδι [lathi] oil (*n.*)
λάθος [laTHos] wrong
λαϊκή τέχνη [laiki tekhni] folk art
λαϊκός [laikos] folk
λαιμός [lemos] neck; throat
λαμβάνω [lamvano] receive
λάμπα [lamba] lamp
λάσπη [laspi] mud
λάστιχο [lastikho] tire
λαχανικό [lakhaniko] vegetable
λεκάνη [lekani] basin
λεμόνι [lemoni] lemon
λέξη [lexi] word
λεξικό [lexiko] dictionary
λεπτό [lepto] cent (euro); minute
λεπτός [leptos] thin
λέω [leo] say, tell
λεωφορείο [leoforio] bus
λεωφόρος [leoforos] avenue
ληστεύω [listevo] rob (*v.*)
λίγο [ligo] some
λιγότερο [ligotero] less (*adv.*, little)
λιμάνι [limani] harbor
λίμνη [limni] lake
λίρα [lira] pound (*n.*)

λίστα [l**i**sta] list (*n.*)
λίτρο [l**i**tro] liter
λιώνω [li**o**no] melt
λογαριασμός [logariasm**o**s] account (*n.*); bill
λογικός [loyik**o**s] reasonable
λογιστής [loyist**i**s] accountant
λόγος [l**o**gos] reason
λοιπόν [lip**o**n] well (*interj.*)
λόμπι [l**o**mbi] lobby
λούζομαι [l**oo**zome] bathe
λουκάνικο [look**a**niko] sausage
λουλούδι [lool**oo**thi] flower
λόφος [l**o**fos] hill
λύνω [l**i**no] undo (*v.*)
λυπημένος [lipim**e**nos] sad
λωρίδα [lor**i**tha] lane

Μ μ

μαγαζάτορας [magaz**a**toras] shopkeeper
μαγαζί [magaz**i**] shop (*v.*)
μαγειρεύω [mayir**e**vo] cook (*v.*)
μαγιά [may**a**] yeast
μαγιό [may**o**] bathing suit
μαζεύω [maz**e**vo] pick
μαζί [maz**i**] together
μαθαίνω [maTH**e**no] learn
μαθηματικά [maTHimatik**a**] math
μαϊμού [maim**oo**] monkey
μακριά [makri**a**] away; far
μακρύς [makr**i**s] long
μαλλί [mal**i**] wool
μαλλιά [mali**a**] hair
μανιτάρι [manit**a**ri] mushroom
μάντης [m**a**ndis] fortune teller
μαξιλάρι [maxil**a**ri] pillow
μαρμελάδα [marmel**a**tha] jam (*n.*)

μαρούλι [marooli] lettuce
μασάζ [masaz] massage
μασώ [maso] chew
μάτι [mati] eye
μαύρος [mavros] black
μαχαίρι [makheri] knife (*n.*)
μάχη [makhi] battle (*n.*)
μεγάλος [megalos] big, large
μέγεθος [meyeTHos] size
μεθυσμένος [meTHismenos] drunk
μελάνι [melani] ink
μέλι [meli] honey
μέλισσα [melisa] bee
μέλλον [melon] future
μέλος [melos] member
μενού [menoo] menu
μέντα [menda] mint
μένω [meno] stay (*v.*)
μερίδα [meritha] ration
μερικός [merikos] any
μέρος [meros] party; place
μέσα [mesa] inside
μέσα από [mesa apo] through
μεσαίος [meseos] medium (*adj.*)
μεσάνυχτα [mesanikhta] midnight
μέση [mesi] middle
μεσημέρι [mesimeri] midday, noon
μεσημεριανό [mesimeriano] lunch
μετ' επιστροφής [metepistrofis] round-trip
μετά [meta] after
μεταδοτικός [metathotikos] contagious
μετακινώ [metakino] move (*v.*)
μέταλλο [metalo] metal
μετανάστευση [metanastefsi] immigration
μετανάστης [metanastis] immigrant
μεταφέρω [metafero] carry, transport; transfer
μεταφορά [metafora] transportation

μεταφράζω [metafr**a**zo] translate
μεταφραστής [metafrast**i**s] translator
μετρητά [metrit**a**] cash (*n.*)
μέτρο [m**e**tro] measure (*n.*); meter
μετρό [metr**o**] subway
μέτωπο [m**e**topo] forehead
μέχρι [m**e**khri] until (*conj.*)
μη καπνιζόντων [mi kapniz**o**ndon] non-smoking
μηδέν [mith**e**n] zero
μήλο [m**i**lo] apple
μήνας [m**i**nas] month
μήνυμα [m**i**nima] message
μηρός [mir**o**s] thigh
μητέρα [mit**e**ra] mother
μηχανή [mikhan**i**] engine
μηχάνημα [mikh**a**nima] machine
μηχάνημα αυτόματης συναλλαγής [mikh**a**nima aft**o**matis sinalay**i**s] ATM
μηχανικός [mikhanik**o**s] engineer; mechanic
μία φορά [m**i**a for**a**] once
μίας χρήσης [m**i**as khr**i**sis] disposable
μικρός [mikr**o**s] little, small
μιλάω [mil**a**o] speak, talk
μίλι [m**i**li] mile
μισθός [misTH**o**s] salary
μισός [mis**o**s] half
μνημείο [mnim**i**o] monument
μοβ [mov] purple
μοίρα [m**i**ra] fortune
μοιράζομαι [mir**a**zome] share (*v.*)
μολύβι [mol**i**vi] pencil
μόλυνση [m**o**linsi] infection; pollution
μολύνω [mol**i**no] infect
μολυσμένος [molism**e**nos] infected
μόνιμος [m**o**nimos] permanent (*adj.*)
μόνο [m**o**no] just (*adv.*), only
μονοπάτι [monop**a**ti] footpath, path, trail

μόνος [monos] alone; single (*adj.*)
μόρφωση [morfosi] education
μόσχευμα [moskhevma] transplant (*n.*)
μοσχολέμονο [moskholemono] lime
μοτέλ [motel] motel
μοτοσικλέτα [motosikleta] motorcycle
μούρο [mooro] berry
μουσείο [moosio] museum
μουσική [moosiki] music
μουσικό όργανο [moosiko organo] musical
  instrument
μουσικός [moosikos] musician
μουσουλμάνος [moosoolmanos] Muslim
μουστάκι [moostaki] moustache
μπαίνω [beno] enter
μπάλα [bala] ball
μπαλκόνι [balkoni] balcony
μπανάνα [banana] banana
μπάνιο [banio] bath; bathroom
μπαρ [bar] bar (*n.*)
μπάσκετ [basket] basketball
μπαταρία [bataria] battery
μπέιμπι σίτερ [beibisiter] babysitter
μπελάς [belas] trouble
μπιζέλι [bizeli] pea
μπλε [ble] blue
μπόνους [bonoos] bonus
μπορεί [bori] might
μπορώ [boro] can (*modal*)
μπότα [bota] boot (*n.*)
μπουγάδα [bougatha] laundry
μπουκάλι [bookali] bottle (*n.*)
μπριζόλα [brizola] steak
μπροστινός [brostinos] front
μπύρα [bira] beer
μύγα [miga] fly (*n.*)
μύδια [mithia] mussels

μυρίζω [mirizo] smell (*v.*)
μυς [mis] muscle
μυστήριο [mistirio] mystery
μυστικό [mistiko] secret
μύτη [miti] nose
μωρό [moro] baby
μωρομάντηλα [moromandila] baby wipes

Ν ν

ναι [ne] yes
ναός [naos] temple
ναύλος [navlos] fare
ναυτία [naftia] motion sickness; nausea
ναυτικό [naftiko] navy
νέα [nea] news
νεκρός [nekros] dead
νέο έτος [neo etos] New Year
νέος [neos] young (*adj.*)
νερό [nero] water (*n.*)
νεροχύτης [nerokhitis] sink (*n.*)
νεύρο [nevro] nerve
νεφρό [nefro] kidney
νησί [nisi] island
Νοέμβριος [noemvrios] November
νόμιμος [nomimos] legal
νόμισμα [nomisma] coin
νομοθεσία [nomoTHesia] legislature
νόμος [nomos] law
νοσοκόμα [nosokoma] nurse
νοσοκομείο [nosokomio] hospital
νόστιμος [nostimos] delicious
νότιος [notios] south
νουντλς [noondls] noodles
ντεπόζιτο [depozito] gas tank
ντίζελ [dizel] diesel
ντομάτα [domata] tomato

ντόπιος [dopios] local, native
ντους [dous] shower (*n.*)
ντύνω [dino] dress (*v.*)
νυσταγμένος [nistagmenos] drowsy
νύχτα [nikhta] night
νυχτερίδα [nikhteritha] bat (animal)
νυχτερινή ζωή [nikhterini zoi] nightlife
νυχτερινός [nikhterinos] overnight (*adv.*)
νωρίς [noris] early

Ξ ξ

ξανά [xana] again
ξαναρχίζω [xanarkhizo] resume (*v.*)
ξεκλειδώνω [xeklithono] unlock
ξεκουράζομαι [xekoorazome] rest (*v.*)
ξένες γλώσσες [xenes gloses] foreign languages
ξένο συνάλλαγμα [xeno sinalagma] foreign currency
ξενοδοχείο [xenothokhio] hotel
ξένος [xenos] foreign; stranger
ξενώνας [xenonas] hostel
ξεπληρώνω [xeplirono] repay
ξεσκονίζω [xeskonizo] dust (*v.*)
ξεχνάω [xekhnao] forget
ξεχωριστός [xekhoristos] separate (*adj.*)
ξηροί καρποί [xiri karpi] nuts
ξηρός [xiros] dry (*adj.*)
ξινός [xinos] sour
ξοδεύω [xothevo] spend
ξύλο [xilo] wood
ξύπνιος [xipnios] awake
ξυπνώ [xipno] wake (*v.*)
ξυραφάκι [xirafaki] razor
ξυρίζομαι [xirizome] shave (*v.*)

O o

ογδόντα [ogthonda] eighty
οδηγίες [odiyies] directions
οδηγός [othigos] guide (n.); guidebook
οδηγώ [othigo] drive (v.)
οδικός χάρτης [othikos khartis] road map
οδοντίατρος [othondiatros] dentist
οδοντόβουρτσα [othondovoortsa] toothbrush
οδοντόκρεμα [othondokrema] toothpaste
οθόνη [oTHoni] screen (n.)
οικείος [ikios] intimate
οικισμός [ikismos] settlement
οικογένεια [ikoyenia] family
οικονομία [ikonomia] economy
οικονομικός [ikonomikos] inexpensive
οινοπνευματώδες ποτό [inopnevmatothes poto]
  liquor
οκτώ [okto] eight
Οκτώβριος [oktovrios] October
ολόκληρος [olokliros] entire
όλος [olos] all (pron.)
ομάδα αίματος [omatha ematos] blood type
ομαλός [omalos] smooth (adj.)
όμηρος [omiros] hostage
ομίχλη [omikhli] fog
όμορφος [omorfos] beautiful
ομοφυλόφιλος [omofilofilos] homosexual
ομπρέλα [ombrela] umbrella
όνομα [onoma] name (n.)
οξυγόνο [oxigono] oxygen
όπερα [opera] opera
οπίσθιος [opisTHios] rear (adj.)
όπλο [oplo] gun
οποιοσδήποτε [opiosthipote] anybody, anyone
οπουδήποτε [opoothipote] anywhere
όραση [orasi] sight

οργανικός [organikos] organic
όργανο [organo] organ
όρεξη [orexi] appetite
ορθογώνιο [orTHogonio] rectangle
όριο ταχύτητας [orio takhititas] speed limit
ορκίζομαι [orkizome] swear
όροφος [orofos] floor
ορχήστρα [orkhistra] orchestra
οσμή [osmi] odor
όστρακα [ostraka] shellfish
οτιδήποτε [otithipote] anything
ουδέτερος [ootheteros] neutral (*adj.*)
ουλή [ooli] scar
ουρά [oora] queue
ουρανός [ooranos] sky
όχημα [okhima] vehicle
όχι [okhi] no

Π π

παγιδεύω [payithevo] trap (*v.*)
πάγος [pagos] ice (*n.*)
παγώνω [pagono] freeze
παιδί [pethi] child, kid
παίζω [pezo] play (*v.*)
παίρνω [perno] get; take
πακετάρω [paketaro] pack (*v.*)
πακέτο [paketo] package
παλιός [palios] old
παλτό [palto] coat (*n.*)
πάνα [pana] diaper
πανδοχείο [panthokhio] inn
πανεπιστήμιο [panepistimio] university
πάντα [panda] always, ever (*adv.*)
παντελόνι [pandeloni] pants
παντοπωλείο [pandopolio] grocery store
παντρεμένος [pandremenos] married

παντρεύομαι [pandrevome] marry

πάνω [pano] on; over (*prep.*); up (*adv.*)

πάνω από [pano apo] above

παπάς [papas] priest

παπούτσι [papootsi] shoe

παππούς [papoos] grandfather

παραγγέλνω [parangelno] order (*v.*)

παράδειγμα [parathigma] example

παραδίδομαι [parathithome] surrender (*v.*)

παραδίδω [parathitho] deliver

παράδοση [parathosi] delivery; tradition

παραδοσιακός [parathosiakos] traditional

παράθυρο [paraTHiro] window

παρακαλώ [parakalo] please

παράκαμψη [parakampsi] detour (*n.*)

παραλία [paralia] beach

παραλία γυμνιστών [paralia yimniston] nudist beach

παραμονή πρωτοχρονιάς [paramoni protokhronias] New Year's Eve

παράνομος [paranomos] illegal

παραπονιέμαι [paraponieme] complain

παράσιτο [parasito] pest

Παρασκευή [paraskevi] Friday

παρεξήγηση [parexiyisi] misunderstanding

πάρκο [parko] park (*n.*)

πάστα [pasta] cake

πατάτα [patata] potato

πατέρας [pateras] father

πατερίτσες [pateritses] crutches

παυσίπονο [pafsipono] painkiller

παχύς [pakhis] fat (*adj.*)

πεδίο [pethio] field

πεζοδρόμιο [pezothromio] pavement

πεζοπορώ [pezoporo] hike

πεζός [pezos] pedestrian

πεθαίνω [peTHeno] die (*v.*)

πεθερά [peTHera] mother-in-law
πεινάω [pinao] hungry
πελάτης [pelatis] client, customer
Πέμπτη [pembti] Thursday
πενήντα [peninda] fifty
πέντε [pende] five
πέπλο [peplo] veil (*n.*)
πεπόνι [peponi] melon
περιβόλι [perivoli] orchard
περιμένω [perimeno] wait (*v.*)
περίοδος [periothos] period
περιορίζω [periorizo] limit (*v.*)
περιορισμένος [periorismenos] restricted (*adj.*)
περιουσία [perioosia] property
περιοχή [periokhi] area, region, territory
περίπλοκος [periplokos] complicated
περίπου [peripoo] about
περισσότερο [perisotero] more (*adv.*); most (*adv.*)
περιστέρι [peristeri] pigeon
περιφέρεια [periferia] district
περπατώ [perpato] walk (*v.*)
πέρυσι [perisi] last year
πετάλι [petali] pedal
πέτρα [petra] stone
πετσέτα [petseta] towel
πετσέτα μπάνιου [petseta banioo] bath towel
πέφτω [pefto] fall (*v.*)
πηγαίνω [piyeno] go
πηγή [piyi] source
πηδάω [pithao] jump (*v.*)
πιάνο [piano] piano
πιάνω [piano] catch (*v.*)
πιάτο [piato] dish, plate
πιθανώς [piTHanos] possibly, probably
πικάντικος [pikandikos] spicy
πικνίκ [piknik] picnic
πικρός [pikros] bitter

πίντα [pinda] pint
πίνω [pino] drink (v.)
πίπα [pipa] pipe
πιπεριά [piperia] pepper
πιρούνι [pirooni] fork (n.)
πισίνα [pisina] pool
πιστεύω [pistevo] believe
πιστοποιητικό γέννησης [pistopiitiko yenisis]
   birth certificate
πίστωση [pistosi] credit (n.)
πιστωτική κάρτα [pistotiki karta] credit card
πίσω [piso] back (adv.)
πίσω από [piso apo] behind
πίτα [pita] pie
πιτζάμες [pitzames] pajamas
πλαστικός [plastikos] plastic
πλατεία [platia] square
πλατφόρμα [platforma] platform
πλέκω [pleko] knit
πλεόνασμα [pleonasma] excess
πλευρά [plevra] side
πλευρό [plevro] rib
πλήθος [pliTHos] crowd (n.)
πληθυσμός [pliTHismos] population
πλημμύρα [plimira] flood
πληροφορίες [plirofories] information;
   information desk
πληρωμένος [pliromenos] paid
πληρωμή [pliromi] payment
πληρώνω [plirono] pay
πλοήγηση [ploiyisi] navigation
πλοίο [plio] ship
πλυντήριο [plindirio] washing machine
πλυντήριο ρούχων [plindirio rookhon]
   laundromat
πλύση [plisi] wash (n.)
πνίγομαι [pnigome] choke; drown

ποδήλατο [pothilato] bicycle
πόδι [pothi] foot; leg
ποδόσφαιρο [pothosfero] football, soccer
ποίημα [piima] poem
ποινή [pini] sentence (*n.*)
ποιος [pios] who (*pron.*)
ποιότητα [piotita] quality
πόλεμος [polemos] war
πόλη [poli] city, town
πολίτης [politis] citizen, civilian
πολιτική [politiki] politics
πολλοί [poli] many
πολύ [poli] much (*adv.*)
πολυκατάστημα [polikatastima] department store
πολύς [polis] very (*adj.*)
πονάω [ponao] hurt
πονόδοντος [ponothondos] toothache
πόνος [ponos] pain
ποντίκι [pondiki] mouse
πόρτα [porta] door
πορτ-μπαγκάζ [portbagaz] trunk
πορτοκάλι [portokali] orange
πορτοφόλι [portofoli] wallet
ποσό [poso] amount (*n.*)
ποσότητα [posotita] quantity (*n.*)
ποτάμι [potami] river
ποτέ [pote] never (*adv.*)
πότε [pote] when
ποτέ [pote] ever
ποτήρι [potiri] glass
ποτό [poto] beverage
ποτό [poto] drink (*n.*)
που [poo] where (*adv.*)
πουθενά [pooTHena] nowhere (*adv.*)
πουκάμισο [pookamiso] shirt
πουλάω [poolao] sell (*v.*)
πουλερικά [poolerika] poultry

πουτίγκα [pootinga] pudding
πράγμα [pragma] thing
πραγματικός [pragmatikos] actual
πράκτορας [praktoras] agent
πρακτορείο [praktorio] agency
πράσινο [prasino] green
πρέπει [prepi] ought
πρεσβεία [presvia] embassy
πρέσβης [presvis] ambassador
πρήξιμο [priximo] swelling
πριν [prin] before (*prep.*)
πριόνι [prioni] saw
προαγωγή [proagoyi] promotion
προάστιο [proastio] suburb
πρόβατο [provato] sheep
πρόβλημα [provlima] problem
προβληματίζω [provlimatizo] puzzle (*v.*)
πρόγραμμα [programa] program (*n.*), schedule (*n.*)
πρόεδρος [proethros] president
προειδοποίηση [proithopiisi] warning
προειδοποιώ [proithopio] warn
προηγούμενος [proigoomenos] last (*adj.*)
προθεσμία [proTHesmia] deadline
προϊόν [proion] product
προμήθεια [promiTHia] commission
προμήθειες [promiTHies] supplies
προξενείο [proxenio] consulate
προορισμός [proorismos] destination
προσβάλλω [prosvalo] offend, insult (*v.*)
πρόσβαση [prosvasi] access (*n.*)
προσεύχομαι [prosefkhome] pray
προσέχω [prosekho] beware
προσθέτω [prosTHeto] add
προσκαλώ [proskalo] invite (*v.*)
προσπαθώ [prospaTHo] try (*v.*)
προστατεύω [prostatevo] protect
πρόστιμο [prostimo] penalty

πρόσφυγας [pr**o**sfigas] refugee
προσωπικό [prosopik**o**] staff (*n.*)
προσωπικός [prosopik**o**s] personal
πρόσωπο [pr**o**sopo] face (*n.*)
προσωρινός [prosorin**o**s] temporary (*adj.*)
προτείνω [prot**i**no] recommend
προτεστάντης [protest**a**ndis] Protestant
προτιμώ [protim**o**] prefer (*v.*)
πρότυπο [pr**o**tipo] standard (*n.*)
προφέρω [prof**e**ro] pronounce (*v.*)
προφίλ [prof**i**l] profile (*n.*)
προφορά [profor**a**] accent
προφυλακτικό [profilaktik**o**] condom
πρόχειρο γεύμα [pr**o**khiro y**e**vma] snack (*n.*)
πρωί [pro**i**] morning
πρωινό [proin**o**] breakfast
πρώτης θέσης [pr**o**tis TH**e**sis] first-class
πρώτος [pr**o**tos] first
πρωτοχρονιά [protokhroni**a**] New Year's Day
πτήση [pt**i**si] flight
πυγμαχώ [pigmakh**o**] box (*v.*)
πυθμένας [piTHm**e**nas] bottom (sea) (*n.*)
πυραμίδα [piram**i**tha] pyramid
πυρετός [piret**o**s] fever
πυρηνικός [pirinik**o**s] nuclear (*adj.*)
πυροβολισμός [pirovolism**o**s] shot
πυροβολώ [pirovol**o**] shoot (*v.*)
πυροτεχνήματα [pirotekhn**i**mata] fireworks
πωλήθηκε [pol**i**THike] sold
πώληση [p**o**lisi] sale
πως [pos] how

Ρ ρ

ράβω [r**a**vo] sew
ράγκμπι [r**a**ngbi] rugby
ραδιόφωνο [rathi**o**fono] radio

ράμμα [rama] stitch
ράμπα [ramba] ramp
ραντεβού [randevoo] appointment
ρεβίθια [reviTHia] chickpeas
ρεκόρ [rekor] record (n.)
ρεπόρτερ [reporter] reporter
ρεσεψιόν [resepsion] front desk
ρίχνω [rikhno] throw
ροδάκινο [rothakino] peach
ροκ [rok] rock (n.)
ρολόι [roloi] watch (n.)
ρολόι τοίχου [roloi tikhoo] clock
ρομαντικός [romandikos] romantic
ρομάντσο [romantso] romance
ρόπαλο [ropalo] bat (baseball)
ρούχο [rookho] cloth
ρύζι [rizi] rice
ρωτάω [rotao] ask

Σ σ

Σάββατο [savato] Saturday
σαββατοκύριακο [savatokiriako] weekend
σακάκι [sakaki] jacket
σακίδιο [sakithio] backpack, knapsack
σαλάτα [salata] salad
σαλόνι [saloni] lounge; salon
σάλτσα [saltsa] sauce
σαμπάνια [sambania] champagne
σαμπουάν [sambooan] shampoo (n.)
σανδάλια [santhalia] sandals
σάντουιτς [sandooits] sandwich
σαπίζω [sapizo] rot (v.)
σάπιος [sapios] rotten
σαπούνι [sapooni] soap (n.)
σαράντα [saranda] forty
σαρωτής [sarotis] scanner

σαύρα [savra] lizard
σε/σας ευχαριστώ [se/sas efkharisto] thank you
σέβομαι [sevome] respect (*v.*)
σειρήνα [sirina] siren
σεισμός [sismos] earthquake
σέλα [sela] saddle
σελίδα [selitha] page
σελφ σέρβις [self servis] self-service
σεμινάριο [seminario] seminar
σεντόνι [sendoni] sheet
Σεπτέμβριος [septemvrios] September
σερβιέτα [servieta] sanitary napkin
σεφ [sef] chef
σήμα [sima] signal (*n.*)
σημαία [simea] flag (*n.*)
σημείο [simio] point (*n.*)
σημείο ελέγχου [simio elenkhoo] checkpoint
σημείωμα [simioma] note (*n.*)
σήμερα [simera] today
σήραγγα [siranga] tunnel
σιδηροδρομική γραμμή [sithirothromiki grami]
   rail
σιδηροδρομικός σταθμός [sithirothromikos
   staTHmos] train station
σιδηρόδρομος [sithirothromos] railroad
σινεμά [sinema] cinema
σιτάρι [sitari] wheat
σκάλα [skala] stairs
σκαρφαλώνω [skarfalono] climb
σκασμένο λάστιχο [skasmeno lastikho] flat tire
σκέφτομαι [skeftome] think
σκέψη [skepsi] thought
σκηνή [skini] scene; tent
σκι [ski] ski
σκίζω [skizo] rip
σκληρός [skliros] hard; rough
σκοπός [skopos] purpose

σκορ [skor] score (*n.*)

σκοτεινός [skotinos] dark

σκοτώνω [skotono] kill

σκουλήκι [skooliki] worm

σκουπίδια [skoopithia] trash

σκύλος [skilos] dog

σκωληκοειδίτιδα [skolikoithititha] appendicitis

σοβαρός [sovaros] serious

σόγια [soya] soy

σοκάκι [sokaki] alley

σοκολάτα [sokolata] chocolate

σουίτα [sooita] suite

σούπα [soopa] soup

σουπερμάρκετ [soopermarket] supermarket

σοφία [sofia] wisdom

σπάζω [spazo] break (*v.*)

σπάνιος [spanios] rare

σπασμένος [spasmenos] broken

σπήλαιο [spileo] cave

σπίτι [spiti] home; house (*n.*)

σπονδυλική στήλη [sponthiliki stili] spine (*n.*)

σπόρος [sporos] seed

σπουδάζω [spoothazo] study (*v.*)

σπουδαίος [spootheos] great

σπρώχνω [sprokhno] push

στάδιο [stathio] stadium

στάθμευση [staTHmefsi] parking

σταθμός [staTHmos] station

σταθμός του μετρό [staTHmos too metro] metro station

σταματώ [stamato] halt

στάση [stasi] layover; stop (*n.*)

σταφύλι [stafili] grape

στάχτη [stakhti] ash

στέγη [steyi] roof

στεγνοκαθαριστήριο [stegnokaTHaristirio] dry cleaner

στεγνώνω [stegnono] dry (v.)
στεγνωτήριο [stegnotirio] dryer
στέκομαι [stekome] stand (v.)
στέλνω [stelno] send
στενός [stenos] narrow
στιγμή [stigmi] moment
στολή [stoli] uniform (n.)
στόμα [stoma] mouth
στοματικός [stomatikos] oral
στομάχι [stomakhi] stomach
στραγγίζω [strangizo] drain (v.)
στρατιώτης [stratiotis] soldier
στρατιωτικός [stratiotikos] military
στρατός [stratos] army
στρέμμα [strema] acre (0.4 hectares = 1000 square meters)
στροφή [strofi] turn (n.)
στρώμα [stroma] mattress
στυλό [stilo] pen
συγγενής [singenis] relative
συγγνώμη [singnomi] pardon (n.); sorry
συγγραφέας [singrafeas] author (n.)
συγκεκριμένος [singekrimenos] concrete
συγκρίνω [singrino] compare
συγχωρώ [sinkhoro] forgive
συζητώ [sizito] argue
σύζυγος [sizigos] husband; wife
σύκο [siko] fig
συκώτι [sikoti] liver
συλλαβίζω [silavizo] spell (v.)
συλλαμβάνω [silamvano] arrest (v.)
συλλέγω [silego] collect
συμβόλαιο [simvoleo] contract
σύμβολο [simvolo] symbol
συμβουλεύω [simvoolevo] consult
συμμαχία [simakhia] league
συμμετέχω [simetekho] join

συμπλέκτης [simblektis] clutch pedal

σύμπτωμα [simbtoma] symptom

συμφωνώ [simfono] agree

συναγερμός [sinayermos] alarm (*n.*)

συναγερμός πυρκαγιάς [sinayermos pirkayas] fire alarm

συναγωγή [sinagoyi] synagogue

συνάλλαγμα [sinalagma] currency

συνάντηση [sinandisi] meeting

συναντώ [sinando] meet (*v.*)

συναυλία [sinavlia] concert

συνδρομητική τηλεόραση [sinthromitiki tileorasi] cable TV

συνεδριακή αίθουσα [sinethriaki eTHoosa] conference room

συνέδριο [sinethrio] conference

σύνεργα [sinerga] kit

συνέταιρος [sineteros] associate (*n.*)

συνήγορος [sinigoros] attorney

συνηθισμένος [siniTHismenos] usual (*adj.*)

σύνολο [sinolo] total

σύνορο [sinoro] border (*n.*)

σύνταγμα [sindagma] constitution

σύντομα [sindoma] soon (*adv.*)

συντριβάνι [sindrivani] fountain

σύντροφος [sindrofos] companion, partner

σύριγγα [siringa] syringe

σύρμα [sirma] wire (*n.*)

συρτάρι [sirtari] drawer

συστατική επιστολή [sistatiki epistoli] reference

σύστημα [sistima] system

συστήνω κάποιον [sistino kapion] introduce oneself

συχνά [sikhna] often (*adv.*)

σφαίρα [sfera] bullet

σφυγμός [sfigmos] pulse

σφυρίζω [sfirizo] whistle (*v.*)

σχέδιο [skh**e**thio] plan (*n.*)
σχέση [skh**e**si] relationship
σχοινί [skhin**i**] rope
σχολείο [skhol**i**o] school
σώζω [s**o**zo] save
σώμα [s**o**ma] body
σωστός [sost**o**s] correct (*adj.*)

Τ τ

ταινία [ten**i**a] film, movie, tape
ταιριαστός [teriast**o**s] fitting
ταμπόν [tamb**o**n] tampon
τάξη [t**a**xi] class
ταξί [tax**i**] cab, taxi
ταξιδεύω [taxith**e**vo] travel (*v.*)
ταξίδι [tax**i**thi] trip
ταξίδι του μέλιτος [tax**i**thi too m**e**litos] honeymoon
τάπα [t**a**pa] plug (*n.*)
ταύρος [t**a**vros] bull
ταυτότητα [taft**o**tita] ID card
ταχυδρομείο [takhithrom**i**o] mail (*n.*); post office
ταχυδρομικά τέλη [takhitromik**a** t**e**li] postage
ταχυδρομικός κώδικας [takhitromik**o**s k**o**thikas] postal code
ταχυδρομώ [takhithrom**o**] mail (*v.*)
ταχύτητα [takh**i**tita] gear; speed
τέλειος [t**e**lios] perfect
τελικά [telik**a**] eventually
τέλος [t**e**los] end (*n.*); fee
τελωνειακή δήλωση [teloniak**i** th**i**losi] customs declaration
τελωνείο [telon**i**o] customs
τεμάχιο [tem**a**khio] item
τερματικός σταθμός λεωφορείων [termatik**o**s staTHm**o**s leofor**i**on] bus terminal

τέσσερα [**te**sera] four

τεστ [test] test (*n.*)

Τετάρτη [te**tarti**] Wednesday

τέταρτο [**te**tarto] quarter

τέχνη [**te**khni] art

τζαμί [tza**mi**] mosque

τζιν [tzin] jeans

τηγάνι [ti**ga**ni] pan

τηγανίζω [tiga**ni**zo] fry

τηλεκάρτα [tile**kar**ta] phone card

τηλεόραση [tile**o**rasi] television

τηλεφωνικός αριθμός [tilefoni**kos** ariTH**mos**]
   phone number

τηλεφωνικός θάλαμος [tilefoni**kos** TH**a**lamos]
   phone booth

τηλέφωνο [ti**le**fono] phone, telephone (*n.*)

τηλεφωνώ [tilefo**no**] dial (*v.*)

τι [ti] what

τιμή [ti**mi**] price, rate

τιμή δωματίου [ti**mi** thoma**ti**oo] room rate

τιμή εισόδου [ti**mi** is**o**thoo] cover charge

τιμή συναλλάγματος [ti**mi** sinal**a**gmatos]
   exchange rate

τιμόνι [ti**mo**ni] wheel

τιμωρώ [timo**ro**] punish

τίποτα [**ti**pota] nothing

τοις εκατό [tis eka**to**] percent

τοιχογραφία [tikhogra**fi**a] mural

τοίχος [**ti**khos] wall

τοπίο [to**pi**o] scenery (*n.*)

τοποθεσία [topoTH**e**sia] location

τότε [**to**te] then (*adv.*)

τουαλέτα [tooa**le**ta] lavatory, toilet

τούβλο [**too**vlo] brick

τουρίστας [too**ri**stas] tourist

τραβάω [tra**va**o] pull

τραγούδι [tra**goo**thi] song

τραγουδώ [tragoothо] sing
τράπεζα [trapeza] bank
τραπεζαρία [trapezaria] dining room
τραπέζι [trapezi] table
τραπεζικός λογαριασμός [trapezikos logariasmos] bank account
τραυματισμός [trafmatismos] injury
τρελός [trelos] mad (*adj.*)
τρένο [treno] train
τρένο εξπρές [treno expres] express train
τρέχω [trekho] run
τρία [tria] three
τριάντα [trianda] thirty
τρίγωνο [trigono] triangle
Τρίτη [triti] Tuesday
τρομακτικός [tromaktikos] scary (*adj.*)
τρομοκράτης [tromokratis] terrorist
τροφική δηλητηρίαση [trofiki thilitiriasi] food poisoning
τρύπα [tripa] hole
τρυπώ [tripo] puncture (*v.*)
τρώω [troo] eat
τσάι [tsai] tea
τσάντα [tsanda] bag, purse
τσέπη [tsepi] pocket
τσιγάρο [tsigaro] cigarette
τσιμέντο [tsimendo] cement
τσίμπημα από έντομο [tsimbima apo endomo] insect bite
τυλίγω [tiligo] wrap (*v.*)
τυρί [tiri] cheese
τυφλός [tiflos] blind (*adj.*)
τυχερός [tikheros] lucky
τώρα [tora] now

Υ υ

υγεία [iyía] health

υγρό [igró] fluid, liquid

υπαγορεύω [ipagorévo] dictate

υπαίθρια αγορά [ipeTHria agorá] flea market

υπαίθριος [ipeTHrios] outdoor (*adj.*)

υπάλληλος [ipálilos] servant

υπενθυμίζω [ipenTHimízo] remind

υπερβολική δόση [ipervolikí thósi] overdose

υπηρεσία [ipiresía] service

υπηρεσία δωματίου [ipiresía thomatíoo] room
  service

υπηρεσίες φροντίδας παιδιών [ipiresíes frondíthas
  pethión] childcare

υπνόσακος [ipnósakos] sleeping bag

υπνωτικά χάπια [ipnotiká khapia] sleeping pills

υπόγειο [ipóyio] basement

υπόγειος/υπογείως [ipóyios/ipoyíos] underground
  (*adj./adv.*)

υπογραφή [ipografí] signature

υπογράφω [ipográfo] sign

υποδομή [ipothomí] infrastructure

υποκατάστατο [ipokatástato] substitute

υπολογιστής [ipoloyistís] computer

υπομονή [ipomoní] patience

ύποπτος [ípoptos] suspect (*n.*)

υπόσχομαι [iposkhome] promise (*v.*)

υποχρεωτικός [ipokhreotikós] mandatory (*adj.*)

ύφασμα [ífasma] fabric

υψόμετρο [ipsómetro] altitude

Φ φ

φαγητό [fayitó] food

φαγούρα [fagoóra] itch (*n.*)

φαίνομαι [fénome] seem (*v.*)

φάκελος [fakelos] envelope
φακός [fakos] lens
φαξ [fax] fax (*n.*)
φάρμα [farma] farm (*n.*)
φαρμακείο [farmakio] drugstore, pharmacy
φαρμακευτική αγωγή [farmakeftiki agoyi] medication
φάρμακο [farmako] drug, medicine
φασόλι [fasoli] bean
φαστ φουντ [fast foond] fast food
Φεβρουάριος [fevrooarios] February
φεγγάρι [fengari] moon
φεριμπότ [ferimbot] ferry
φερμουάρ [fermooar] zipper
φέρνω [ferno] bring
φεστιβάλ [festival] festival
φεύγω [fevgo] leave
φθηνός [fTHinos] cheap
φθινόπωρο [fTHinoporo] autumn, fall
φίδι [fithi] snake
φιλάω [filao] kiss (*v.*)
φιλοδώρημα [filothorima] tip (*n.*)
φιλοξενία [filoxenia] hospitality
φίλος [filos] friend
φιστίκια [fistikia] peanuts
φλας [flas] flashlight
φλέβα [fleva] vein (*n.*)
φλιτζάνι [flitzani] cup
φλόγα [floga] flame (*n.*)
φοβάμαι [fovame] afraid
φοιτητής [fititis] student
φόνος [fonos] murder (*n.*)
φορέας [foreas] agent
φόρεμα [forema] dress (*n.*)
φορητός [foritos] portable (*adj.*)
φορητός υπολογιστής [foritos ipoloyistis] laptop
φόρος [foros] tax (*n.*)

φόρος αεροδρομίου [foros aerothromioo] airport tax

φόρος πωλήσεων [foros poliseon] sales tax

φορτηγό [fortigo] truck

φορτώνω [fortono] load (*v.*)

φορώ [foro] wear (*v.*)

φούρνος [foornos] bakery; oven

φούρνος μικροκυμάτων [foornos mikrokimaton] microwave

φουσκάλα [fooskala] blister

φούστα [foosta] skirt

φράση [frasi] phrase

φρατζόλα [fratzola] loaf

φράχτης [frakhtis] fence (*n.*)

φρένο [freno] brake (*n.*)

φρέσκος [freskos] fresh

φρούτο [frooto] fruit

φτάνω [ftano] arrive

φτερό [ftero] wing

φτιάχνω [ftiakhno] make (*v.*)

φτώχεια [ftokhia] poverty (*n.*)

φύλακας [filakas] guard (*n.*)

φυλακή [filaki] jail, prison

φυλακισμένος [filakismenos] prisoner

φυλή [fili] tribe

φύλο [filo] sex

φύση [fisi] nature

φυσιολογικός [fisioloyikos] normal

φυτό [fito] plant (*n.*)

φωνάζω [fonazo] shout, yell

φωνή [foni] voice

φως [fos] light (electric) (*n.*)

φωτιά [fotia] fire

φωτοβολίδα [fotovolitha] flare

φωτογράφηση με φλας [fotografisi me flas] flash photography

φωτογραφία [fotografia] photograph (*n.*)

Χ χ

χαιρετισμός [kheretismos] greeting
χαλαρός [khalaros] loose
χαλασμένος [khalasmenos] broken
χαλί [khali] carpet, rug
χαμένος [khamenos] lost
χαμηλός [khamilos] low
χαμογελώ [khamoyelo] smile (*v.*)
χάνω [khano] lose
χάπι [khapi] pill
χαρακτηρίζω [kharaktirizo] qualify (*v.*)
χαράσσω [kharaso] engraving
χαρούμενος [kharoomenos] happy
χάρτης [khartis] map (*n.*)
χαρτί [kharti] paper
χαρτί τουαλέτας [kharti tooaletas] toilet paper
χαρτοπετσέτα [khartopetseta] napkin
χείλος [khilos] lip
χειμώνας [khimonas] winter
χειραποσκευή [khiraposkevi] carry-on
χειριστής [khiristis] operator
χειροκίνητο [khirokinito] manual (not automatic) (*adj.*)
χειροκροτώ [khirokroto] clap
χειρούργος [khiroorgos] surgeon
χέρι [kheri] arm; hand
χημικός [khimikos] chemical
χθες [khTHes] yesterday
χίλια [khilia] thousand
χιλιόγραμμο [khiliogramo] kilogram
χιλιόμετρο [khiliometro] kilometer
χιόνι [khioni] snow (*n.*)
χιονίζω [khionizo] snow (*v.*)
χοιρινό [khirino] pork
χορδή [khorthi] cord
χορός [khoros] dance (*n.*)

χόρτο [khorto] grass
χορτοφάγος [khortofagos] vegetarian
χρειάζομαι [khriazome] need (v.)
χρέος [khreos] debt
χρέωση [khreosi] toll, charge (n.)
χρήματα [khrimata] money
χρησιμοποιώ [khrisimopio] use (v.)
χρόνος [khronos] year
χρυσάφι [khrisafi] gold
χρώμα [khroma] color (n.)
χταπόδι [khtapothi] octopus
χτένα [khtena] comb (n.)
χτυπώ [khtipo] knock
χυμός [khimos] juice (n.)
χύνω [khino] pour (v.)
χώρα [khora] country
χωράω [khorao] fit (v.)
χωρίζω [khorizo] separate (v.)
χωριό [khorio] village
χωρίς [khoris] without
χωρίς επιστροφή [khoris epistrofi] one-way
χώρος κατασκήνωσης [khoros kataskinosis]
  campground

Ψ ψ

ψαλίδι [psalithi] scissors
ψαράς [psaras] fisherman
ψάρεμα [psarema] fishing
ψάρι [psari] fish (n.)
ψείρα [psira] lice
ψέμα [psema] lie (n.)
ψεύτικος [pseftikos] false (adj.)
ψηλός [psilos] tall
ψητός [psitos] roasted
ψηφίζω [psifizo] vote (v.)
ψιλά [psila] change (n.)

ψιλικατζίδικο [psilikatzithiko] convenience store
ψυγείο [psiyio] refrigerator
ψύλλος [psilos] flea
ψυχαγωγία [psikhagoyia] entertainment
ψυχολόγος [psikhologos] psychologist
ψωμί [psomi] bread

Ω ω

ωκεανός [okeanos] ocean
ωμός [omos] raw
ώμος [omos] shoulder
ώρα [ora] hour; time (*n.*)
ωραίος [oreos] nice
ωταλγία [otalyia] earache

ENGLISH-GREEK
DICTIONARY

A a

able ικανός [ikan**o**s]
about περίπου [per**i**poo], για [ya]
above πάνω από [p**a**no ap**o**]
academy ακαδημία [akathimi**a**]
accelerator (gas pedal) επιταχυντής (γκάζι) [epitakhind**i**s (g**a**zi)]
accent προφορά [profor**a**]
accept δέχομαι [th**e**khome]
access (*n.*) πρόσβαση [pr**o**svasi]
accident ατύχημα [at**i**khima]
accommodations διαμονή [thiamon**i**]
account (*n.*) λογαριασμός [logariasm**o**s]
accountant λογιστής [loyist**i**s]
accurate ακριβής [akriv**i**s]
accuse κατηγορώ [katigor**o**]
acre (0.4 hectares = 1000 square meters) στρέμμα [str**e**ma]
across απέναντι [ap**e**nandi]
act (*v.*) δρω [thro]
activist ακτιβιστής [aktivist**i**s]
activity δραστηριότητα [thrastiri**o**tita]
actor ηθοποιός [iTHopi**o**s]
actual πραγματικός [pragmatik**o**s]
add προσθέτω [prosTH**e**to]
address (*n.*) διεύθυνση [thi**e**fTHinsi]
administration διοίκηση [thi**i**kisi]
admission εισαγωγή [isagoy**i**], είσοδος [**i**sothos]
admit εισάγω [is**a**go]
adult ενήλικας [en**i**likas]
advertisement διαφήμιση [thiaf**i**misi]
afraid φοβάμαι [fov**a**me]
after μετά [met**a**]
afternoon απόγευμα [ap**o**yevma]
again ξανά [xan**a**]
against κατά [kat**a**]

age (*n.*) ηλικία [ilikia]
agency (*n.*) πρακτορείο [praktorio]
agent φορέας [foreas], πράκτορας [praktoras]
agree συμφωνώ [simfono]
agriculture γεωργία [yeoryia]
aid (*n.*) βοήθεια [voiTHia]
AIDS AIDS [eitz]
air (*n.*) αέρας [aeras]
air conditioning κλιματισμός [klimatismos]
airline αεροπορική εταιρεία [aeroporiki eteria]
airplane αεροπλάνο [aeroplano]
airport αεροδρόμιο [aerothromio]
airport tax φόρος αεροδρομίου [foros aerothromioo]
aisle διάδρομος [thiathromos]
alarm (*n.*) συναγερμός [sinayermos]
alcohol αλκοόλ [alkool]
alive ζωντανός [zondanos]
all (*pron.*) όλος [olos]
allergy αλλεργία [aleryia]
alley σοκάκι [sokaki]
allow επιτρέπω [epitrepo]
allowed επιτρέπεται [epitrepete]
almond αμύγδαλο [amigthalo]
alone μόνος [monos]
also επίσης [episis]
altar βωμός [vomos]
altitude υψόμετρο [ipsometro]
aluminum foil αλουμινόχαρτο [aloominokharto]
always (*adv.*) πάντα [panda]
ambassador πρέσβης [presvis]
ambulance ασθενοφόρο [asTHenoforo]
amenities ανέσεις [anesis]
among ανάμεσα [anamesa]
amount (*n.*) ποσό [poso]
and και [ke]
anemic αναιμικός [anemikos]
anesthetic αναισθητικό [anesTHitiko]

angry θυμωμένος [THimom**e**nos]
animal ζώο [z**o**o]
ankle αστράγαλος [astr**a**galos]
anniversary επέτειος [ep**e**tios]
announcement ανακοίνωση [anak**i**nosi]
announcer εκφωνητής [ekfonit**i**s]
annual ετήσιος [et**i**sios]
antibiotics αντιβιοτικά [andiviotik**a**]
antifreeze αντιψυκτικό [andipsiktik**o**]
antique αντίκα [and**i**ka]
antiseptic αντισηπτικό [andisiptik**o**]
any μερικός [merik**o**s]
anybody οποιοσδήποτε [opiosth**i**pote]
anyone οποιοσδήποτε [opiosth**i**pote]
anything οτιδήποτε [otith**i**pote]
anywhere οπουδήποτε [opooth**i**pote]
apartment διαμέρισμα [thiam**e**risma]
apologize απολογούμαι [apolog**oo**me]
appeal (*n.*) έκκληση [**e**klisi]
appear εμφανίζομαι [emfan**i**zome]
appendicitis σκωληκοειδίτιδα [skolikoith**i**titha]
appetite όρεξη [**o**rexi]
apple μήλο [m**i**lo]
appointment ραντεβού [randev**oo**]
apricot βερίκοκο [ver**i**koko]
April Απρίλιος [apr**i**lios]
architecture αρχιτεκτονική [arkhitektonik**i**]
area περιοχή [periokh**i**]
argue συζητώ [sizit**o**]
arm (*n.*) χέρι [kh**e**ri]
army στρατός [strat**o**s]
around γύρω [y**i**ro]
arrest (*v.*) συλλαμβάνω [silamv**a**no]
arrive φτάνω [ft**a**no]
art τέχνη [t**e**khni]
arthritis αρθρίτιδα [arTHr**i**titha]
artichoke αγκινάρα [angin**a**ra]

ash στάχτη [stakhti]
ask ρωτάω [rotao]
asleep κοιμισμένος [kimismenos]
aspirin ασπιρίνη [aspirini]
assault (*v.*) επιτίθεμαι [epitiTHeme]
assist βοηθάω [voiTHao]
associate (*n.*) συνέταιρος [sineteros]
asthma άσθμα [asTHma]
ATM μηχάνημα αυτόματης συναλλλαγής
    [mikhanima aftomatis sinalayis]
attack (*n.*) επίθεση [epiTHesi]
attorney συνήγορος [sinigoros]
August Αύγουστος [avgoostos]
author (*n.*) συγγραφέας [singrafeas]
authority αρχή [arkhi]
automatic αυτόματος [aftomatos]
automatic transmission αυτόματο κιβώτιο
    ταχυτήτων [aftomato kivotio takhititon]
automobile αυτοκίνητο [aftokinito]
autumn φθινόπωρο [fTHinoporo]
available διαθέσιμος [thiaTHesimos]
avenue λεωφόρος [leoforos]
avoid αποφεύγω [apofevgo]
awake ξύπνιος [xipnios]
away μακριά [makria]
axle άξονας [axonas]

B b

baby μωρό [moro]
baby wipes μωρομάντηλα [moromandila]
babysitter μπέιμπι σίτερ [beibisiter]
back (*adv.*) πίσω [piso]
backpack σακίδιο [sakithio]
bad (*adj.*) κακός [kakos]
bag (*n.*) τσάντα [tsanda]
baggage αποσκευή [aposkevi]

baggage check έλεγχος αποσκευών [**e**lenkhos aposkev**o**n]

bakery φούρνος [**foo**rnos]

balcony μπαλκόνι [balk**o**ni]

ball μπάλα [b**a**la]

banana μπανάνα [ban**a**na]

bandage επίδεσμος [ep**i**thesmos]

bank τράπεζα [tr**a**peza]

bank account τραπεζικός λογαριασμός [trapezik**o**s logariasm**o**s]

bar (*n.*) μπαρ [bar]

barber κουρέας [koor**e**as]

barrel βαρέλι [var**e**li]

barrier εμπόδιο [emb**o**thio]

base (*n.*) βάση [v**a**si]

basement υπόγειο [ip**o**yio]

basin λεκάνη [lek**a**ni]

basket καλάθι [kal**a**THi]

basketball μπάσκετ [b**a**sket]

bat (baseball) ρόπαλο [r**o**palo]; (animal) νυχτερίδα [nikhter**i**tha]

bath μπάνιο [b**a**nio]

bath towel πετσέτα μπάνιου [pets**e**ta b**a**nioo]

bathe λούζομαι [l**oo**zome]

bathing suit μαγιό [may**o**]

bathroom μπάνιο [b**a**nio]

battery μπαταρία [batar**i**a]

battle (*n.*) μάχη [m**a**khi]

be (am, is, are, was, were, been) (*v.*) είμαι [**i**me] I am; (*sing.*) είσαι [**i**se] you are; είναι [**i**ne] he/she/it is; είμαστε [**i**maste] we are; (*pl.*) είστε [**i**ste] you are; είναι [**i**ne] they are; ήμουν [**i**moon] I was; (*sing.*) ήσουν [**i**soon] you were; ήταν [**i**tan] he/she/it was; ήμασταν [**i**mastan] we were; (*pl.*) ήσασταν [**i**sastan] you were; ήταν [**i**tan] they were

beach παραλία [paral**i**a]

bean φασόλι [fas**o**li]

beautiful όμορφος [**o**morfos]
because of εξαιτίας [exetias]
become γίνομαι [yinome]
bed κρεβάτι [krev**a**ti]
bedding κλινοσκεπάσματα [klinoskep**a**smata]
bedroom κρεβατοκάμαρα [krevatok**a**mara]
bee μέλισσα [m**e**lisa]
beef βοδινό [vothin**o**]
beer μπύρα [b**i**ra]
before (*prep.*) πριν [prin]
beggar ζητιάνος [ziti**a**nos]
beginning αρχή [arkh**i**]
behind πίσω από [p**i**so ap**o**]
believe πιστεύω [pist**e**vo]
bell (church) καμπάνα [kamb**a**na]; (door) κουδούνι
 [kooth**oo**ni]
below από κάτω [ap**o** k**a**to]
berry μούρο [m**oo**ro]
beverage ποτό [pot**o**]
beware προσέχω [pros**e**kho]
bible βίβλος [v**i**vlos]
bicycle ποδήλατο [poth**i**lato]
big μεγάλος [meg**a**los]
bill λογαριασμός [logariasm**o**s]
birth certificate πιστοποιητικό γέννησης
 [pistopiitik**o** ye**ni**sis]
birthday γενέθλια [yen**e**THlia]
bite (*v.*) δαγκώνω [thang**o**no]
bitter πικρός [pikr**o**s]
black μαύρος [m**a**vros]
blanket κουβέρτα [koov**e**rta]
bleed αιμορραγώ [emorag**o**]
bless (*n.*) ευλογία [evlo**y**ia]
blind (*adj.*) τυφλός [tifl**o**s]
blister φουσκάλα [foosk**a**la]
blood αίμα [**e**ma]
blood type ομάδα αίματος [om**a**tha **e**matos]

blue μπλε [ble]
boarding pass κάρτα επιβίβασης [karta epivivasis]
boat βάρκα [varka]
body σώμα [soma]
bomb (*n.*) βόμβα [vomva]
bone κόκκαλο [kokako]
bonus μπόνους [bonoos]
book (*n.*) βιβλίο [vivlio]
bookstore βιβλιοπωλείο [vivliopolio]
boot (*n.*) μπότα [bota]
border (*n.*) σύνορο [sinoro]
bottle (*n.*) μπουκάλι [bookali]
bottom (anatomy) γλουτός [glootos]; (sea)
  πυθμένας [piTHmenas]
box (*n.*) κουτί [kooti]; (*v.*) πυγμαχώ [pigmakho]
boy αγόρι [agori]
boyfriend αγόρι [agori]
brake (*n.*) φρένο [freno]
bread ψωμί [psomi]
break (*v.*) σπάζω [spazo]
breakfast πρωινό [proino]
breathe (*v.*) αναπνέω [anapneo]
bribe (*v.*) δωροδοκώ [thorothoko]
brick τούβλο [toovlo]
bridge (*n.*) γέφυρα [yefira]
bring (*v.*) φέρνω [ferno]
broken χαλασμένος [khalasmenos], σπασμένος
  [spasmenos]
brother αδερφός [atherfos]
brown καφέ [kafe]
building κτίριο [ktirio]
bull ταύρος [tavros]
bullet σφαίρα [sfera]
bureaucracy γραφειοκρατία [grafiokratia]
bury θάβω [THavo]
bus λεωφορείο [leoforio]

bus terminal τερματικός σταθμός λεωφορείων
  [termatikos staTHmos leoforion]
business επιχείρηση [epikhirisi]
busy απασχολημένος [apaskholimenos]
but (*conj.*) αλλά [ala]
butcher κρεοπώλης [kreopolis]
butter (*n.*) βούτυρο [vootiro]
button (*n.*) κουμπί [koombi]
buy αγοράζω [agorazo]

C c

cab ταξί [taxi]
cabinet κομοδίνο [komothino]
cable (*n.*) καλώδιο [kalothio]
cable TV συνδρομητική τηλεόραση [sinthromitiki
  tileorasi]
café καφέ [kafe]
cage (*n.*) κλουβί [kloovi]
cake πάστα [pasta]
calendar ημερολόγιο [imeroloyio]
call (*v.*) καλώ [kalo]
camera κάμερα [kamera]
camp κατασκηνώνω [kataskinono]
campground χώρος κατασκήνωσης [khoros
  kataskinosis]
can (*modal*) μπορώ [boro]
cancel ακυρώνω [akirono]
candy καραμέλα [karamela]
car αυτοκίνητο [aftokinito]
card κάρτα [karta]
carpet χαλί [khali]
carrot καρότο [karoto]
carry μεταφέρω [metafero]
carry-on χειραποσκευή [khiraposkevi]
cart καροτσάκι [karotsaki]
case θήκη [THiki]

cash (*v.*) εξαργυρώνω [exaryirono]; (*n.*) μετρητά [metrita]

casual καθημερινός [kaTHimerinos]

cat γάτα [gata]

catch (*v.*) πιάνω [piano]

cathedral καθεδρικός ναός [kaTHethrikos naos]

cattle βοοειδή [vooithi]

cave σπήλαιο [spileo]

CD CD

cement τσιμέντο [tsimendo]

cemetery κοιμητήριο [kimitirio]

cent (euro) λεπτό [lepto]

center (*n.*) κέντρο [kendro]

century αιώνας [eonas]

cereal δημητριακό [thimitriako]

chain (*n.*) αλυσίδα [alisitha]

chair καρέκλα [karekla]

champagne σαμπάνια [sambania]

change (*v.*) αλλάζω [alazo]; (*n.*) ψιλά [psila]

changing room δοκιμαστήριο [thokimastirio]

channel (*n.*) κανάλι [kanali]

chapel εξωκλήσι [exoklisi]

chapter κεφάλαιο [kefaleo]

charge (*n.*) χρέωση [khreosi]

cheap φθηνός [fTHinos]

check (*v.*) ελέγχω [elenkho]; (*n.*) (bank) επιταγή [epitayi]; (inspection) έλεγχος [elenkhos]

checkpoint σημείο ελέγχου [simio elenkhoo]

cheese τυρί [tiri]

chef σεφ [sef]

chemical χημικός [khimikos]

chew μασώ [maso]

chicken κοτόπουλο [kotopoolo]

chickpeas ρεβίθια [reviTHia]

chief (*adj.*) επικεφαλής [epikefalis]

child παιδί [pethi]

childcare υπηρεσίες φροντίδας παιδιών [ipiresies frondithas pethion]
chocolate σοκολάτα [sokolata]
choke πνίγομαι [pnigome]
church εκκλησία [eklisia]
cigarette τσιγάρο [tsigaro]
cinema σινεμά [sinema]
cinnamon κανέλα [kanela]
circle (*n.*) κύκλος [kiklos]
citizen πολίτης [politis]
city πόλη [poli]
civilian πολίτης [politis]
clap χειροκροτώ [khirokroto]
class τάξη [taxi]
classic κλασικός [klasikos]
clean καθαρός [kaTHaros]
client πελάτης [pelatis]
cliff γκρεμός [gremos]
climate κλίμα [klima]
climb σκαρφαλώνω [skarfalono]
clinic κλινική [kliniki]
clock ρολόι τοίχου [roloi tikhoo]
close (*adv.*) κοντά [konda]; (*v.*) κλείνω [klino]
closed κλειστός [klistos]
cloth ρούχο [rookho]
clothing ενδυμασία [enthimasia]
club κλαμπ [klamb]
clutch pedal συμπλέκτης [simblektis]
coast (*n.*) ακτή [akti]
coat (*n.*) παλτό [palto]
cocoa κακάο [kakao]
coconut καρύδα [karitha]
coffee καφές [kafes]
coin νόμισμα [nomisma]
cold κρύος [krios]
collect συλλέγω [silego]
color (*n.*) χρώμα [khroma]

comb (*n.*) χτένα [kht**e**na]
come έρχομαι [erkh**o**me]
comedy κωμωδία [kom**o**thia]
comfortable άνετος [**a**netos]
commission προμήθεια [prom**i**THia]
communication επικοινωνία [epikin**o**nia]
companion σύντροφος [s**i**ndrofos]
company εταιρεία [et**e**ria]
compare συγκρίνω [singr**i**no]
compensation αποζημίωση [apozim**i**osi]
complain παραπονιέμαι [parapon**ie**me]
complicated περίπλοκος [per**i**plokos]
compromise διακινδυνεύω [thiakinthin**e**vo]
computer υπολογιστής [ipoloyist**i**s]
conceal αποκρύπτω [apokr**i**pto]
concert συναυλία [sinavl**i**a]
concrete συγκεκριμένος [singekrim**e**nos]
concussion διάσειση [thi**a**sisi]
condom προφυλακτικό [profilaktik**o**]
conductor (pipe) αγωγός [agog**o**s]; (orchestra)
   διευθυντής ορχήστρας [thiefTHind**i**s orkh**i**stras]
conference συνέδριο [sin**e**thrio]
conference room συνεδριακή αίθουσα [sinethriak**i**
   eTHoosa]
confirm επιβεβαιώνω [epiveve**o**no]
constipated δυσκοίλιος [thisk**i**lios]
constitution σύνταγμα [s**i**ndagma]
consulate προξενείο [proxen**i**o]
consult συμβουλεύω [simvool**e**vo]
contagious μεταδοτικός [metathotik**o**s]
contraception αντισύλληψη [andis**i**lipsi]
contraceptive αντισυλληπτικό [andisiliptik**o**]
contract συμβόλαιο [simv**o**leo]
convenience store ψιλικατζίδικο [psilikatz**i**thiko]
convenient βολικός [volik**o**s]
cook (*v.*) μαγειρεύω [mayir**e**vo]
copy (*n.*) αντίγραφο [and**i**grafo]

cord κορδόνι [korthoni], χορδή [khorthi]
corn καλαμπόκι [kalamboki]
corner (*n.*) γωνία [gonia]
correct (*adj.*) σωστός [sostos]
corrupt διαφθείρω [thiafTHiro]
cosmetics καλλυντικά [kalindika]
cost (*n.*) κόστος [kostos]
cotton βαμβάκι [vamvaki]
cough (*n.*) βήχας [vikhas]
country χώρα [khora]
country code κωδικός χώρας [kothikos khoras]
court δικαστήριο [thikastirio]
courtesy ευγένεια [evyenia]
cover (*v.*) καλύπτω [kalipto]
cover charge τιμή εισόδου [timi isothoo]
cream (*n.*) κρέμα [krema]
credit (*n.*) πίστωση [pistosi]
credit card πιστωτική κάρτα [pistotiki karta]
crime έγκλημα [englima]
crowd (*n.*) πλήθος [pliTHos]
crutches πατερίτσες [pateritses]
cry (*v.*) κλαίω [kleo]
culture κουλτούρα [kooltoora]
cup φλιτζάνι [flitzani]
cure (*n.*) θεραπεία [THerapia]
curfew απαγόρευση κυκλοφορίας [apagorefsi kikloforias]
currency συνάλλαγμα [sinalagma]
currency exchange ανταλλακτήριο [andalaktirio]
customer πελάτης [pelatis]
customs τελωνείο [telonio]
customs declaration τελωνειακή δήλωση [teloniaki thilosi]
cut (*v.*) κόβω [kovo]

D d

dairy γαλακτομικά [galaktomika]
damage (*n.*) βλάβη [vlavi]
dance (*n.*) χορός [khoros]
danger κίνδυνος [kinthinos]
dark σκοτεινός [skotinos]
date (*n.*) ημερομηνία [imerominia]
date of birth ημερομηνία γέννησης [imerominia yenisis]
daughter κόρη [kori]
dawn αυγή [avyi]
day ημέρα [imera]
daytime διάρκεια της ημέρας [thiarkia tis imeras]
dead νεκρός [nekros]
deadline προθεσμία [proTHesmia]
deaf κωφός [kofos]
debt χρέος [khreos]
decade δεκαετία [thekaetia]
December Δεκέμβριος [thekemvrios]
decide αποφασίζω [apofasizo]
decision απόφαση [apofasi]
deck κατάστρωμα [katastroma]
declare δηλώνω [thilono]
deep βαθύς [vaTHis]
delay (*v.*) καθυστερώ [kaTHistero]
delicious νόστιμος [nostimos]
deliver παραδίδω [parathitho]
delivery παράδοση [parathosi]
demand (*n.*) απαίτηση [apetisi]
democracy δημοκρατία [thimokratia]
dentist οδοντίατρος [othondiatros]
deny αρνούμαι [arnoome]
deodorant αποσμητικό [aposmitiko]
department store πολυκατάστημα [polikatastima]
departure αναχώρηση [anakhorisi]
deposit (*n.*) κατάθεση [kataTHesi]

depot αποθήκη [apoTHiki]
desert έρημος [erimos]
desk γραφείο [grafio]
dessert επιδόρπιο [epithorpio]
destination προορισμός [proorismos]
detergent απορρυπαντικό [aporipandiko]
detour (*n.*) παράκαμψη [parakampsi]
diabetic διαβητικός [thiavitikos]
diagnosis διάγνωση [thiagnosi]
dial (*v.*) τηλεφωνώ [tilefono]
dialing code κωδικός κλήσης [kothikos klisis]
diaper πάνα [pana]
diarrhea διάρροια [thiaria]
dictate υπαγορεύω [ipagorevo]
dictionary λεξικό [lexiko]
die (*v.*) πεθαίνω [peTHeno]
diesel ντίζελ [dizel]
different διαφορετικός [thiaforetikos]
difficult δύσκολος [thiskolos]
dine δειπνώ [thipno]
dining room τραπεζαρία [trapezaria]
dinner δείπνο [thipno]
diplomat διπλωμάτης [thiplomatis]
direction κατεύθυνση [katefTHinsi]
directions οδηγίες [odiyies]
directory κατάλογος [katalogos]
directory assistance βοήθεια καταλόγου [voiTHia katalogoo]
dirt βρωμιά [vromia]
dirty βρώμικος [vromikos]
disability αναπηρία [anapiria]
disabled ανάπηρος [anapiros]
disagree διαφωνώ [thiafono]
disaster καταστροφή [katastrofi]
discount (*n.*) έκπτωση [ekptosi]
disease ασθένεια [asTHenia]
dish πιάτο [piato]

disposable μίας χρήσης [mias khrisis]
dispute (*v.*) διαφωνώ [thiafono]
district περιφέρεια [periferia]
disturb ενοχλώ [enokhlo]
dive (*n.*) κατάδυση [katathisi]
dizzy ζαλισμένος [zalismenos]
do κάνω [kano]
dock αποβάθρα [apovaTHra]
doctor γιατρός [yatros]
document (*n.*) έγγραφο [engrafo]
dog σκύλος [skilos]
dollar δολάριο [tholario]
domestic εσωτερικός [esoterikos]
door πόρτα [porta]
double (*adj.*) διπλός [thiplos]
dough ζύμη [zimi]
down κάτω [kato]
downtown κέντρο [kendro]
dozen δωδεκάδα [thothekatha]
drain (*v.*) στραγγίζω [strangizo]
drama δράμα [thrama]
drawer συρτάρι [sirtari]
dress (*n.*) φόρεμα [forema]; (*v.*) ντύνω [dino]
drink (*n.*) ποτό [poto]; (*v.*) πίνω [pino]
drive (*v.*) οδηγώ [othigo]
driver's license δίπλωμα οδήγησης [thiploma othiyisis]
drown πνίγομαι [pnigome]
drowsy νυσταγμένος [nistagmenos]
drug φάρμακο [farmako]
drugstore φαρμακείο [farmakio]
drunk μεθυσμένος [meTHismenos]
dry (*adj.*) ξηρός [xiros]; (*v.*) στεγνώνω [stegnono]
dry cleaner στεγνοκαθαριστήριο [stegnokaTHaristirio]
dryer στεγνωτήριο [stegnotirio]
dust (*v.*) ξεσκονίζω [xeskonizo]

duty-free αφορολόγητος [aforoloyitos]
DVD DVD
dye (*v.*) βάφω [vafo]

E e

ear αυτί [afti]
earache ωταλγία [otalyia]
early νωρίς [noris]
earth γη [yi]
earthquake σεισμός [sismos]
east ανατολή [anatoli]
eat τρώω [troo]
economy οικονομία [ikonomia]
education μόρφωση [morfosi]
egg αυγό [avgo]
eight οκτώ [okto]
eighteen δεκαοκτώ [thekaokto]
eighty ογδόντα [ogthonda]
election εκλογή [ekloyi]
electric ηλεκτρικός [ilektrikos]
electricity ηλεκτρισμός [ilektrismos]
elevator ασανσέρ [asanser]
eleven έντεκα [endeka]
e-mail ηλεκτρονικό ταχυδρομείο [ilektroniko
   takhithromio]
embassy πρεσβεία [presvia]
emergency επείγον περιστατικό [epigon peristatiko]
employee εργαζόμενος [ergazomenos]
employer εργοδότης [ergothotis]
empty (*adj.*) άδειος [athios]
end (*n.*) τέλος [telos]
enemy εχθρός [ekhTRos]
energy ενέργεια [eneryia]
engine μηχανή [mikhani]
engineer μηχανικός [mikhanikos]
English language Αγγλική γλώσσα [angliki glosa]

engraving χαράσσω [kharaso]
enough αρκετά [arketa]
enter μπαίνω [beno]
entertainment ψυχαγωγία [psikhagoyia]
entire ολόκληρος [olokliros]
entrance είσοδος [isothos]
entry είσοδος [isothos]
entry visa βίζα εισόδου [viza isothoo]
envelope φάκελος [fakelos]
epileptic επιληπτικός [epiliptikos]
equal (*adj.*) ίσος [isos]
equipment εξοπλισμός [exoplismos]
escalator κυλιόμενη σκάλα [kiliomeni skala]
estimate (*v.*) εκτιμώ [ektimo]
ethnic εθνικός [eTHnikos]
Europe Ευρώπη [evropi]
European ευρωπαϊκός [evropaikos]
evacuate εκκενώνω [ekenono]
even ακόμη [akomi]
evening βράδυ [vrathi]
event γεγονός [yegonos]
eventually τελικά [telika]
ever ποτέ [pote], πάντα [panda]
every κάθε [kaTHe]
exact ακριβής [akrivis]
examine εξετάζω [exetazo]
example παράδειγμα [parathigma]
except εκτός [ektos]
excess πλεόνασμα [pleonasma]
exchange ανταλλάσσω [andalaso]
exchange rate τιμή συναλλάγματος [timi
  sinalagmatos]
exclude εξαιρώ [exero]
exhaust εξαντλώ [exandlo]
exhibit (*v.*) εκθέτω [ekTHeto]
exit έξοδος [exothos]
expense έξοδο [exotho]

expensive ακριβός [akrivos]
experience εμπειρία [embiria]
expiration date ημερομηνία λήξης [imerominia lixis]
explain εξηγώ [exigo]
export εξάγω [exago]
express εκφράζω [ekfrazo]
express train τρένο εξπρές [treno expres]
extra επιπλέον [epipleon]
eye μάτι [mati]
eyeglasses γυαλιά [yalia]

F f

fabric ύφασμα [ifasma]
face (*n.*) πρόσωπο [prosopo]
fall (*v.*) πέφτω [pefto]
false (*adj.*) ψεύτικος [pseftikos]
family οικογένεια [ikoyenia]
far μακριά [makria]
fare ναύλος [navlos]
farm (*n.*) φάρμα [farma]
fast food φαστ φουντ [fast foond]
fat (*adj.*) παχύς [pakhis]
father πατέρας [pateras]
faucet βρύση [vrisi]
fax (*n.*) φαξ [fax]
February Φεβρουάριος [fevrooarios]
fee τέλος [telos]
feel (*v.*) αισθάνομαι [esTHanome]
female θηλυκός [THilikos]
fence (*n.*) φράχτης [frakhtis]
ferry φεριμπότ [ferimbot]
festival φεστιβάλ [festival]
fever πυρετός [piretos]
field πεδίο [pethio]
fifteen δεκαπέντε [thekapende]

fifty πενήντα [peninda]
fig σύκο [siko]
fill γεμίζω [yemizo]
film ταινία [tenia]
find βρίσκω [vrisko]
finger δάχτυλο [thakhtilo]
fire φωτιά [fotia]
fire alarm συναγερμός πυρκαγιάς [sinayermos pirkayas]
firewood καυσόξυλα [kafsoxila]
fireworks πυροτεχνήματα [pirotekhnimata]
first πρώτος [protos]
first-aid kit κουτί πρώτων βοηθειών [kooti proton voiTHion]
first-class πρώτης θέσης [protis THesis]
fish (*n.*) ψάρι [psari]
fisherman ψαράς [psaras]
fishing ψάρεμα [psarema]
fishing license άδεια ψαρέματος [athia psarematos]
fishing permitted επιτρέπεται το ψάρεμα [epitrepete to psarema]
fishing rod καλάμι ψαρέματος [kalami psarematos]
fist γροθιά [groTHia]
fit (*v.*) χωράω [khorao]
fitting ταιριαστός [teriastos]
fitting room δοκιμαστήριο [thokimastirio]
five πέντε [pende]
fix (*v.*) επιδιορθώνω [epithiorTHono]
flag (*n.*) σημαία [simea]
flame (*n.*) φλόγα [floga]
flare φωτοβολίδα [fotovolitha]
flash αστράφτω [astrafto]
flash photography φωτογράφηση με φλας [fotografisi me flas]
flashlight φλας [flas]
flat (*adj.*) επίπεδος [epipethos]
flat tire σκασμένο λάστιχο [skasmeno lastikho]

flavor γεύση [yefsi]

flea ψύλλος [psilos]

flea market υπαίθρια αγορά [ipeTHria agora]

flight πτήση [ptisi]

flight number αριθμός πτήσης [ariTHmos ptisis]

flood πλημμύρα [plimira]

floor όροφος [orofos]

flour (*n.*) αλεύρι [alevri]

flourish ανθίζω [anTHizo]

flower λουλούδι [looloothi]

flu γρίπη [gripi]

fluent άπταιστος [aptestos]

fluid υγρό [igro]

flush εξάπτομαι [exaptome]

fly (*n.*) μύγα [miga]

fog ομίχλη [omikhli]

folk λαϊκός [laikos]

folk art λαϊκή τέχνη [laiki tekhni]

follow ακολουθώ [akolooTHo]

food φαγητό [fayito]

food poisoning τροφική δηλητηρίαση [trofiki thilitiriasi]

foot πόδι [pothi]

football (soccer) ποδόσφαιρο [pothosfero]

footpath μονοπάτι [monopati]

forehead μέτωπο [metopo]

foreign ξένος [xenos]

foreign currency ξένο συνάλλαγμα [xeno sinalagma]

foreign languages ξένες γλώσσες [xenes gloses]

forest δάσος [thasos]

forget ξεχνάω [xekhnao]

forgive συγχωρώ [sinkhoro]

fork (*n.*) πιρούνι [pirooni]

formal επίσημος [episimos]

fortune μοίρα [mira]

fortune teller μάντης [mandis]

forty σαράντα [saranda]
fountain συντριβάνι [sindrivani]
four τέσσερα [tesera]
fourteen δεκατέσσερα [thekatesera]
fraud απάτη [apati]
free (*adj.*) ελεύθερος [elefTHeros]
freeze παγώνω [pagono]
fresh φρέσκος [freskos]
Friday Παρασκευή [paraskevi]
friend φίλος [filos]
front μπροστινός [brostinos]
front desk ρεσεψιόν [resepsion]
frozen κατεψυγμένος [katepsigmenos]
fruit φρούτο [frooto]
fry τηγανίζω [tiganizo]
fuel καύσιμο [kafsimo]
full γεμάτος [yematos]
fun διασκέδαση [thiaskethasi]
funeral κηδεία [kithia]
furnished επιπλωμένος [epiplomenos]
furniture έπιπλα [epipla]
future μέλλον [melon]

G g

game αγώνας [agonas]
garden (*n.*) κήπος [kipos]
gas tank ντεπόζιτο [depozito]
gasoline βενζίνη [venzini]
gear ταχύτητα [takhitita]
general γενικός [yenikos]
get παίρνω [perno]
gift δώρο [thoro]
girl κορίτσι [koritsi]
girlfriend κορίτσι [koritsi]
give δίνω [thino]
glass ποτήρι [potiri]

glasses (eye~) γυαλιά [yalia]
glue (*n.*) κόλλα [kola]
go πηγαίνω [piyeno]
goat κατσίκα [katsika]
gold χρυσάφι [khrisafi]
good καλός [kalos]
goods αγαθά [agaTHa]
government κυβέρνηση [kivernisi]
gram γραμμάριο [gramario]
grammar γραμματική [gramatiki]
grandfather παππούς [papoos]
grandmother γιαγιά [yaya]
grape σταφύλι [stafili]
grass χόρτο [khorto]
great σπουδαίος [spootheos]
green πράσινο [prasino]
greeting χαιρετισμός [kheretismos]
grocery store παντοπωλείο [pandopolio]
ground (*n.*) έδαφος [ethafos]
group γκρουπ [groop]
guard (*n.*) φύλακας [filakas]
guest καλεσμένος [kalesmenos]
guide (*n.*) οδηγός [othigos]
guidebook οδηγός [othigos]
guilty ένοχος [enokhos]
gun όπλο [oplo]
gym γυμναστήριο [yimnastirio]

H h

hair μαλλιά [malia]
half μισός [misos]
hall αίθουσα [eTHoosa]
halt σταματώ [stamato]
hand χέρι [kheri]
handicapped ανάπηρος [anapiros]
happy χαρούμενος [kharoomenos]

harbor λιμάνι [limani]
hard σκληρός [skliros]
harm (*v.*) βλάπτω [vlapto]
hat καπέλο [kapelo]
hazard κίνδυνος [kinthinos]
he αυτός [aftos]
head κεφάλι [kefali]
health υγεία [iyia]
health insurance ασφάλιση υγείας [asfalisi iyias]
hear ακούω [akooo]
heart καρδιά [karthia]
heart attack καρδιακή προσβολή [karthiaki prosvoli]
heat (*n.*) θερμότητα [THermotita]
heavy βαρύς [varis]
hello γεια σας [ya sas], γεια σου [ya soo]
help (*n.*) βοήθεια [voiTHia]
herb βότανο [votano]
here εδώ [etho]
heterosexual ετεροφυλόφιλος [eterofilofilos]
hey (*interj.*) έι (παρέμβαση) [ei (paremvasi)]
highway εθνική οδός [eTHniki othos]
hike πεζοπορώ [pezoporo]
hill λόφος [lofos]
HIV ιός ανθρώπινης ανοσοανεπάρκειας [ios anTHropinis anosoaneparkias]
hole τρύπα [tripa]
holiday διακοπές [thiakopes]
holy ιερός [ieros]
home σπίτι [spiti]
homeless άστεγος [astegos]
homosexual ομοφυλόφιλος [omofilofilos]
honest ειλικρινής [ilikrinis]
honey μέλι [meli]
honeymoon ταξίδι του μέλιτος [taxithi too melitos]
horse άλογο [alogo]
hospital νοσοκομείο [nosokomio]

hospitality φιλοξενία [filoxenia]
hostage όμηρος [omiros]
hostel ξενώνας [xenonas]
hostile εχθρικός [ekhTHrikos]
hot ζεστός [zestos]
hotel ξενοδοχείο [xenothokhio]
hour ώρα [ora]
house (*n.*) σπίτι [spiti]
how πως [pos]
hug (*v.*) αγκαλιάζω [angaliazo]
human άνθρωπος [anTHropos]
human rights (*n.*) ανθρώπινα δικαιώματα
  [anTHropina thikeomata]
hundred εκατό [ekato]
hungry πεινάω [pinao]
hunt (*v.*) κυνηγώ [kinigo]
hunter κυνηγός [kinigos]
hurry (*v.*) βιάζομαι [viazome]
hurt πονάω [ponao]
husband σύζυγος [sizigos]

I i

I εγώ [ego]
ice (*n.*) πάγος [pagos]
ID card ταυτότητα [taftotita]
idea ιδέα [ithea]
identification αναγνώριση [anagnorisi]
identify αναγνωρίζω [anagnorizo]
idiom ιδιωματισμός [ithiomatismos]
if αν [an]
ignition ανάφλεξη [anaflexi]
ignore αγνοώ [agnoo]
illegal παράνομος [paranomos]
illness αρρώστια [arostia]
immigrant μετανάστης [metanastis]
immigration μετανάστευση [metanastefsi]

impolite αγενής [ayen**i**s]
import εισάγω [is**a**go]
income εισόδημα [is**o**thima]
incorrect ανακριβής [anakriv**i**s]
individual ατομικός [atomik**o**s]
indoor εσωτερικός [esoterik**o**s]
inexpensive οικονομικός [ikonomik**o**s]
infant βρέφος [vr**e**fos]
infect μολύνω [mol**i**no]
infected μολυσμένος [molism**e**nos]
infection μόλυνση [m**o**linsi]
influence (*v.*) επηρεάζω [epire**a**zo]
influenza γρίπη [gr**i**pi]
information πληροφορίες [pliroford**i**es]
information desk πληροφορίες [pliroforr**i**es]
infrastructure υποδομή [ipothom**i**]
inject κάνω ένεση [k**a**no **e**nesi]
injury τραυματισμός [trafmatism**o**s]
ink μελάνι [mel**a**ni]
inn πανδοχείο [panthokh**i**o]
innocent αθώος [aTH**o**os]
inquiry ερώτηση [er**o**tisi]
insect έντομο [**e**ndomo]
insect bite τσίμπημα από έντομο [ts**i**mbima ap**o** **e**ndomo]
insect repellant εντομοαπωθητικό [endomoapoTH-itik**o**]
inside μέσα [m**e**sa]
inspect επιθεωρώ [epiTHeor**o**]
instant άμεσος [**a**mesos]
institution θεσμός [THesm**o**s]
insufficient ανεπαρκής [aneparki**s**]
insulin ινσουλίνη [insool**i**ni]
insult (*v.*) προσβάλλω [prosv**a**lo]
insurance ασφάλιση [asf**a**lisi]
international διεθνής [thieTHn**i**s]
Internet Ίντερνετ [**i**ndernet]

interpret διερμηνεύω [thierminevo]
interpretation διερμηνεία [thierminia]
interpreter διερμηνέας [thiermineas]
intersection διασταύρωση [thiastavrosi]
intimate οικείος [ikios]
introduce oneself συστήνω κάποιον [sistino kapion]
intruder εισβολέας [isvoleas]
invite (*v.*) προσκαλώ [proskalo]
iron (*n.*) ηλεκτρικό σίδερο [ilektriko sithero]
irritate ενοχλώ [enokhlo]
island νησί [nisi]
issue (*n.*) έκδοση [ekthosi]
it αυτό [afto]
itch (*n.*) φαγούρα [fagoora]
item τεμάχιο [temakhio]
itinerary δρομολόγιο [thromoloyio]

J j

jacket σακάκι [sakaki]
jail φυλακή [filaki]
jam (*n.*) μαρμελάδα [marmelatha]
January Ιανουάριος [ianooarios]
jar βαζάκι [vazaki]
jeans τζιν [tzin]
Jew Εβραίος [evreos]
jewelry κοσμήματα [kosmimata]
job δουλειά [thoolia]
join συμμετέχω [simetekho]
journalist δημοσιογράφος [thimosiografos]
judge δικαστής [thikastis]
jug κανάτα [kanata]
juice (*n.*) χυμός [khimos]
July Ιούλιος [ioolios]
jump (*v.*) πηδάω [pithao]

jumper cables καλώδια μπαταρίας αυτοκινήτου
  [kal**o**thia batar**i**as aftokin**i**too]
junction διασταύρωση [thiast**a**vrosi]
June Ιούνιος [i**oo**nios]
jungle ζούγκλα [z**oo**ngla]
just (*adv.*) μόνο [m**o**no]
justice δικαιοσύνη [thikeos**i**ni]

K k

keep (*v.*) κρατώ [krat**o**]
kettle βραστήρας [vrast**i**ras]
key (*n.*) κλειδί [klith**i**]
kick (*v.*) κλωτσάω [klots**a**o]
kid παιδί [peth**i**]
kidnap απαγάγω [apag**a**go]
kidney νεφρό [nefr**o**]
kill σκοτώνω [skot**o**no]
kilogram χιλιόγραμμο [khili**o**gramo]
kilometer χιλιόμετρο [khili**o**metro]
kind (*n.*) είδος [**i**thos]
kiss (*v.*) φιλάω [fil**a**o]
kit σύνεργα [s**i**nerga]
kitchen κουζίνα [kooz**i**na]
knapsack σακίδιο [sak**i**thio]
knee (*n.*) γόνατο [g**o**nato]
knife (*n.*) μαχαίρι [makh**e**ri]
knit πλέκω [pl**e**ko]
knock χτυπώ [khtip**o**]
knot κόμπος [k**o**mbos]
know γνωρίζω [gnor**i**zo]
kosher κόσερ [k**o**ser]

L l

lady κυρία [kir**i**a]
lake λίμνη [l**i**mni]

lamb αρνί [arn**i**]
lamp λάμπα [l**a**mba]
land (*n.*) γη [yi]
lane λωρίδα [lor**i**tha]
language γλώσσα [gl**o**sa]
laptop φορητός υπολογιστής [forit**o**s ipoloyist**i**s]
large μεγάλος [meg**a**los]
last (*adj.*) προηγούμενος [proig**oo**menos]
last year πέρυσι [p**e**risi]
late αργά [arg**a**]
later αργότερα [arg**o**tera]
laugh γελώ [yel**o**]
laundromat πλυντήριο ρούχων [plind**i**rio r**oo**khon]
laundry μπουγάδα [boug**a**tha]
lavatory τουαλέτα [tooal**e**ta]
law νόμος [n**o**mos]
lawyer δικηγόρος [thikig**o**ros]
layover στάση [st**a**si]
leader ηγέτης [iy**e**tis]
league συμμαχία [simakh**i**a]
learn μαθαίνω [maTH**e**no]
leather δέρμα [th**e**rma]
leave φεύγω [f**e**vgo], αφήνω [af**i**no]
left (*adv.*) αριστερά [aristera**a**]
leg πόδι [p**o**thi]
legal νόμιμος [n**o**mimos]
legislature νομοθεσία [nomoTHes**i**a]
lemon λεμόνι [lem**o**ni]
lens φακός [fak**o**s]
less (*adv.*) λιγότερο [lig**o**tero]
letter γράμμα [gr**a**ma]
lettuce μαρούλι [mar**oo**li]
level (*n.*) επίπεδο [ep**i**petho]
library βιβλιοθήκη [vivlioTH**i**ki]
lice ψείρα [ps**i**ra]
license άδεια [**a**thia]
lid καπάκι [kap**a**ki]

lie (*n.*) ψέμα [psema]
life ζωή [zoi]
lift (*n.*) ανελκυστήρας [anelkistiras]
light (*n.*) (electric) φως [fos]; (*adj.*) (not heavy)
  ελαφρύς [elafris]
lighting αστραπή [astrapi]
like (*v.*) αρέσω [areso]
lime μοσχολέμονο [moskholemono]
limit (*v.*) περιορίζω [periorizo]
lip χείλος [khilos]
liquid υγρό [igro]
liquor οινοπνευματώδες ποτό [inopnefmatothes poto]
list (*n.*) λίστα [lista]
listen ακούω [akooo]
liter λίτρο [litro]
litter απορρίμματα [aporimata]
little (*adj.*) μικρός [mikros]
live (*v.*) ζω [zo]
liver συκώτι [sikoti]
lizard σαύρα [savra]
load (*v.*) φορτώνω [fortono]
loaf φρατζόλα [fratzola]
loan (*n.*) δάνειο [thanio]
lobby λόμπι [lombi]
local ντόπιος [dopios]
location τοποθεσία [topoTHesia]
lock (*n.*) κλειδώνω [klithono]
lock out κλειδώνω έξω [klithono exo]
locker θυρίδα [THiritha]
long μακρύς [makris]
look κοιτάζω [kitazo]
loose χαλαρός [khalaros]
lose χάνω [khano]
lost χαμένος [khamenos]
loud δυνατός [thinatos]
lounge σαλόνι [saloni]
love (*v.*) αγαπώ [agapo]

low χαμηλός [khamil**o**s]
lucky τυχερός [tikher**o**s]
luggage αποσκευή [aposkev**i**]
lunch μεσημεριανό [mesimerian**o**]

M m

machine μηχάνημα [mikh**a**nima]
mad (*adj.*) τρελός [trel**o**s]
maid καμαριέρα [kamari**e**ra]
mail (*n.*) ταχυδρομείο [takhithrom**i**o]; (*v.*)
  ταχυδρομώ [takhithrom**o**]
main (*adj.*) κύριος [k**i**rios]
make (*v.*) φτιάχνω [fti**a**khno]
man άντρας [**a**ndras]
mandatory υποχρεωτικός [ipokhreotik**o**s]
manual (*n.*) (book) εγχειρίδιο [enkhir**i**thio]; (*adj.*)
  (not automatic) χειροκίνητο [khirok**i**nito]
many πολλοί [pol**i**]
map (*n.*) χάρτης [kh**a**rtis]
marketplace αγορά [agor**a**]
marriage γάμος [g**a**mos]
married παντρεμένος [pandrem**e**nos]
marry παντρεύομαι [pandr**e**vome]
massage μασάζ [mas**a**z]
math μαθηματικά [maTHimatik**a**]
mattress στρώμα [str**o**ma]
maximum ανώτατος [an**o**tatos]
mayor δήμαρχος [thim**a**rkhos]
meal γεύμα [y**e**vma]
measure (*n.*) μέτρο [m**e**tro]
meat κρέας [kr**e**as]
mechanic μηχανικός [mikhanik**o**s]
medication φαρμακευτική αγωγή [farmakeftik**i**
  ago**yi**]
medicine φάρμακο [f**a**rmako]
medium (*adj.*) μεσαίος [mes**e**os]

meet (*v.*) συναντώ [sinand**o**]

meeting συνάντηση [sin**a**ndisi]

melon πεπόνι [pep**o**ni]

melt (*v.*) λιώνω [li**o**no]

member μέλος [m**e**los]

menstruation εμμηνόρροια [emin**o**ria]

mental (*adj.*) διανοητικός [thianoitik**o**s]

menu μενού [men**oo**]

merchant έμπορος [**e**mboros]

message μήνυμα [m**i**nima]

messenger αγγελιοφόρος [angeliof**o**ros]

metal μέταλλο [m**e**talo]

meter μέτρο [m**e**tro]

metro station σταθμός του μετρό [staTHm**o**s too metr**o**]

microwave φούρνος μικροκυμάτων [f**oo**rnos mikrokim**a**ton]

midday μεσημέρι [mesim**e**ri]

middle μέση [m**e**si]

midnight μεσάνυχτα [mes**a**nikhta]

might μπορεί [bor**i**]

migraine ημικρανία [imikran**i**a]

mild (*adj.*) ήπιος [**i**pios]

mile μίλι [m**i**li]

military στρατιωτικός [stratiotik**o**s]

milk γάλα [g**a**la]

million εκατομμύριο [ekatom**i**rio]

mine δικός μου [thik**o**s moo]

minimum κατώτατος [kat**o**tatos]

minor (*adj.*) ανήλικος [an**i**likos]

mint μέντα [m**e**nda]

minute λεπτό [lept**o**]

mirror (*n.*) καθρέφτης [kaTHr**e**ftis]

misunderstanding παρεξήγηση [parex**i**yisi]

mix (*v.*) αναμειγνύω [anamign**i**o]

mobile phone κινητό τηλέφωνο [kinit**o** til**e**fono]

moment στιγμή [stigm**i**]

Monday Δευτέρα [theftera]
money χρήματα [khrimata]
monkey μαϊμού [maimoo]
month μήνας [minas]
monument μνημείο [mnimio]
moon φεγγάρι [fengari]
more (*adv.*) περισσότερο [perisotero]
morning πρωί [proi]
mosque τζαμί [tzami]
mosquito κουνούπι [koonoopi]
mosquito net κουνουπιέρα [koonoopiera]
most (*adv.*) περισσότερο [perisotero]
motel μοτέλ [motel]
mother μητέρα [mitera]
mother-in-law πεθερά [peTHera]
motion sickness ναυτία [naftia]
motor κινητήρας [kinitiras]
motorcycle μοτοσικλέτα [motosikleta]
mount (*v.*) ανεβαίνω [aneveno]
mountain βουνό [voono]
mouse ποντίκι [pondiki]
moustache μουστάκι [moostaki]
mouth στόμα [stoma]
move (*v.*) μετακινώ [metakino]
movie ταινία [tenia]
movie theater κινηματογράφος [kinimatografos]
Mr. (title) κ. [kirios]
Mrs. (title) κα. [kiria]
Ms. (title) δεσποινίς [thespinis]
much (*adv.*) πολύ [poli]
mud λάσπη [laspi]
mural τοιχογραφία [tikhografia]
murder (*n.*) φόνος [fonos]
muscle μυς [mis]
museum μουσείο [moosio]
mushroom μανιτάρι [manitari]
music μουσική [moosiki]

musical instrument μουσικό όργανο [moosik**o o**rgano]

musician μουσικός [moosik**os**]

Muslim μουσουλμάνος [moosoolm**a**nos]

mussels μύδια [m**i**thia]

mystery μυστήριο [mist**i**rio]

N n

naked γυμνός [yimn**os**]

name (*n.*) όνομα [**o**noma]

napkin χαρτοπετσέτα [khartopets**e**ta]

narrow στενός [sten**os**]

nation έθνος [**e**THnos]

native ντόπιος [d**o**pios]

nature φύση [f**i**si]

nausea ναυτία [n**a**ftia]

navigation πλοήγηση [plo**i**yisi]

navy ναυτικό [naftik**o**]

near (*prep.*) κοντά [kond**a**]

nearby (*adj.*) κοντινός [kondin**os**]

neck λαιμός [lem**os**]

necklace κολιέ [koli**e**]

need (*v.*) χρειάζομαι [khri**a**zome]

needle βελόνα [vel**o**na]

neighbor γείτονας [y**i**tonas]

neighborhood γειτονιά [yiton**i**a]

nephew ανιψιός [anipsi**os**]

nerve νεύρο [n**e**vro]

neutral (*adj.*) ουδέτερος [ooth**e**teros]

never (*adv.*) ποτέ [pot**e**]

new καινούργιος [ken**oo**ryos]

New Year νέο έτος [n**e**o **e**tos]

New Year's Day πρωτοχρονιά [protokhroni**a**]

New Year's Eve παραμονή πρωτοχρονιάς [paramon**i** protokhroni**as**]

news νέα [n**e**a]

newspaper εφημερίδα [efimeritha]
next επόμενος [epomenos]
next to δίπλα σε [thipla se]
next year επόμενος χρόνος [epomenos khronos]
nice ωραίος [oreos]
niece ανιψιά [anipsia]
night νύχτα [nikhta]
nightlife νυχτερινή ζωή [nikhterini zoi]
nine εννιά [enia]
nineteen δεκαεννιά [thekaenia]
ninety ενενήντα [eneninda]
no όχι [okhi]
noise θόρυβος [THorivos]
non-smoking μη καπνιζόντων [mi kapnizondon]
noodles νουντλς [noondls]
noon μεσημέρι [mesimeri]
normal φυσιολογικός [fisioloyikos]
north βόρεια [voria]
northeast βορειοανατολικά [vorianatolika]
northwest βορειοδυτικά [voriothitika]
nose μύτη [miti]
note (*n.*) σημείωμα [simioma]
nothing τίποτα [tipota]
November Νοέμβριος [noemvrios]
now τώρα [tora]
nowhere (*adv.*) πουθενά [pooTHena]
nuclear (*adj.*) πυρηνικός [pirinikos]
nudist beach παραλία γυμνιστών [paralia yimniston]
number (*n.*) αριθμός [ariTHmos]
nun καλόγρια [kalogria]
nurse νοσοκόμα [nosokoma]
nuts ξηροί καρποί [xiri karpi]

O o

occupant κάτοχος [katokhos]
occupation επάγγελμα [epangelma]

ocean ωκεανός [okeanos]
o'clock η ώρα [i ora]
October Οκτώβριος [oktovrios]
octopus χταπόδι [khtapothi]
odor οσμή [osmi]
off (*adv./adj.*) κλειστά [klista], κλειστός [klistos]
offend (*v.*) προσβάλλω [prosvalo]
office γραφείο [grafio]
officer αξιωματικός [axiomatikos]
official επίσημος [episimos]
often (*adv.*) συχνά [sikhna]
oil (*n.*) λάδι [lathi]
OK εντάξει [endaxi]
old παλιός [palios]
olive ελιά [elia]
on πάνω [pano]
once μία φορά [mia fora], κάποτε [kapote]
one ένα [ena]
one-way χωρίς επιστροφή [khoris epistrofi]
onion κρεμμύδι [kremithi]
only μόνο [mono]
open (*adj.*) ανοιχτός [anoikhtos]
opera όπερα [opera]
operator χειριστής [khiristis]
opposite απέναντι [apenandi]
option επιλογή [epiloyi]
or ή [i]
oral στοματικός [stomatikos]
orange (*n.*) πορτοκάλι [portokali]
orchard περιβόλι [perivoli]
orchestra ορχήστρα [orkhistra]
order (*v.*) παραγγέλνω [parangelno]
ordinary κοινός [kinos]
organ όργανο [organo]
organic οργανικός [organikos]
original αυθεντικός [afTHendikos]
other άλλος [alos]

ought πρέπει [prepi]
our δικός μας [thikos mas]
out (*adv.*) έξω [exo]
outdoor (*adj.*) υπαίθριος [ipeTHrios]
outside έξω [exo]
oven φούρνος [foornos]
over (*prep.*) πάνω [pano]
overdose υπερβολική δόση [ipervoliki thosi]
overnight (*adv.*) νυχτερινός [nikhterinos]
own (*v.*) ανήκω [aniko]
owner (*n.*) ιδιοκτήτης [ithioktitis]
oxygen οξυγόνο [oxigono]

P p

pack (*v.*) πακετάρω [paketaro]
package πακέτο [paketo]
page σελίδα [selitha]
paid πληρωμένος [pliromenos]
pain πόνος [ponos]
painful επώδυνος [epothinos]
painkiller παυσίπονο [pafsipono]
pair ζευγάρι [zevgari]
pajamas πιτζάμες [pitzames]
pan τηγάνι [tigani]
pants παντελόνι [pandeloni]
paper χαρτί [kharti]
parcel δέμα [thema]
pardon (*n.*) συγγνώμη [singnomi]
parent γονιός [gonios]
park (*n.*) πάρκο [parko]
parking στάθμευση [staTHmefsi]
parliament κοινοβούλιο [kinovoolio]
partner σύντροφος [sindrofos]
party μέρος [meros]
passenger επιβάτης [epivatis]
passport διαβατήριο [thiavatirio]

password κωδικός πρόσβασης [kothik**o**s pr**o**svasis]
pasta ζυμαρικά [zimarik**a**]
pastry είδη ζαχαροπλαστικής [**i**thi zakharoplastik**i**s]
path μονοπάτι [monop**a**ti]
patience (*n.*) υπομονή [ipomon**i**]
patient (*n.*) ασθενής [asTHen**i**s]
pavement πεζοδρόμιο [pezothr**o**mio]
pay πληρώνω [plir**o**no]
payment πληρωμή [pliroм**i**]
pea μπιζέλι [biz**e**li]
peace ειρήνη [ir**i**ni]
peach ροδάκινο [roth**a**kino]
peak κορυφή [korif**i**]
peanuts φιστίκια [fist**i**kia]
pedal πετάλι [pet**a**li]
pedestrian πεζός [pez**o**s]
pen στυλό [stil**o**]
penalty πρόστιμο [pr**o**stimo]
pencil μολύβι [mol**i**vi]
people άνθρωποι [**a**nTHropi]
pepper πιπεριά [piperi**a**]
percent τοις εκατό [tis ekat**o**]
perfect τέλειος [t**e**lios]
period περίοδος [per**i**othos]
permanent (*adj.*) μόνιμος [m**o**nimos]
permission (*n.*) άδεια [**a**thia]
permit (*v.*) επιτρέπω [epitr**e**po]; (*n.*) άδεια [**a**thia]
person άτομο [**a**tomo]
personal προσωπικός [prosopik**o**s]
pest παράσιτο [par**a**sito]
pet κατοικίδιο ζώο [katik**i**thio z**o**o]
petrol βενζίνη [venz**i**ni]
pharmacy φαρμακείο [farmak**i**o]
phone (*n.*) τηλέφωνο [til**e**fono]
phone booth τηλεφωνικός θάλαμος [tilefonik**o**s TH**a**lamos]
phone card τηλεκάρτα [tilek**a**rta]

phone number τηλεφωνικός αριθμός [tilefonik**o**s ariTHm**o**s]
photograph (*n.*) φωτογραφία [fotografi**a**]
phrase φράση [fr**a**si]
physician γιατρός [yatr**o**s]
piano πιάνο [pi**a**no]
pick μαζεύω [maz**e**vo]
picnic πικνίκ [pikn**i**k]
picture εικόνα [ik**o**na]
pie πίτα [p**i**ta]
piece κομμάτι [kom**a**ti]
pig γουρούνι [goor**oo**ni]
pigeon περιστέρι [perist**e**ri]
pill χάπι [kh**a**pi]
pillow μαξιλάρι [maxil**a**ri]
pint πίντα [p**i**nda]
pipe πίπα [p**i**pa]
place μέρος [m**e**ros]
plain απλός [apl**o**s]
plan (*n.*) σχέδιο [skh**e**thio]
plane αεροπλάνο [aeropl**a**no]
plant (*n.*) φυτό [fit**o**]
plastic πλαστικός [plastik**o**s]
plate πιάτο [pi**a**to]
platform πλατφόρμα [platf**o**rma]
play (*n.*) έργο [**e**rgo]; (*v.*) παίζω [p**e**zo]
pleasant ευχάριστος [efkh**a**ristos]
please παρακαλώ [parakal**o**]
plug (*n.*) τάπα [t**a**pa]
pocket τσέπη [ts**e**pi]
poem ποίημα [p**i**ima]
point (*n.*) σημείο [sim**i**o]
poison δηλητήριο [thilit**i**rio]
police αστυνομία [astinomi**a**]
police station αστυνομικό τμήμα [astinomik**o** tm**i**ma]
polite ευγενικός [evyenik**o**s]

politics πολιτική [politi**ki**]
pollution μόλυνση [m**o**linsi]
pool πισίνα [pis**i**na]
population πληθυσμός [pliTHism**o**s]
pork χοιρινό [khirin**o**]
portable (*adj.*) φορητός [forit**o**s]
possibly (*adv.*) πιθανώς [piTHan**o**s]
post office ταχυδρομείο [takhithrom**i**o]
postage ταχυδρομικά τέλη [takhitromik**a** t**e**li]
postal code ταχυδρομικός κώδικας [takhitromik**o**s k**o**thikas]
postbox γραμματοκιβώτιο [gramatokiv**o**tio]
postcard καρτ ποστάλ [kartpost**a**l]
postpone αναβάλλω [anav**a**lo]
pot κατσαρόλα [katsar**o**la]
potato πατάτα [pat**a**ta]
pottery κεραμικά [keramik**a**]
poultry πουλερικά [poolerik**a**]
pound (*n.*) λίρα [l**i**ra]
pour (*v.*) χύνω [kh**i**no]
poverty (*n.*) φτώχεια [ft**o**khia]
power (*n.*) ηλεκτρικό ρεύμα [ilektrik**o** r**e**fma]
pray (*v.*) προσεύχομαι [pros**e**fkhome]
prefer (*v.*) προτιμώ [protim**o**]
pregnant έγκυος [**e**ngios]
prescription ιατρική συνταγή [iatrik**i** sinday**i**]
president πρόεδρος [pr**o**ethros]
price τιμή [tim**i**]
priest παπάς [pap**a**s]
printer εκυπωτής [ektipot**i**s]
prison φυλακή [filak**i**]
prisoner φυλακισμένος [filakism**e**nos]
privacy ιδιωτικότητα [ithiotik**o**tita]
private ιδιωτικός [ithiotik**o**s]
private property ιδιωτική περιουσία [ithiotik**i** perioos**i**a]
private room ιδιωτικό δωμάτιο [ithiotik**o** thom**a**tio]

prize βραβείο [vravio]
probably (*adv.*) πιθανώς [piTHanos]
problem πρόβλημα [provlima]
product (*n.*) προϊόν [proion]
professional επαγγελματικός [epangelmatikos]
professor καθηγητής [kaTHiyitis]
profile (*n.*) προφίλ [profil]
profit (*n.*) κέρδος [kerthos]
program (*n.*) πρόγραμμα [programa]
prohibit απαγορεύω [apagorevo]
project (*n.*) έργο [ergo]
promise (*v.*) υπόσχομαι [iposkhome]
promotion προαγωγή [proagoyi]
pronounce (*v.*) προφέρω [profero]
proper (*adj.*) κατάλληλος [katalilos]
property περιουσία [perioosia]
prosecute (*v.*) διώκω ποινικά [thioko pinika]
protect προστατεύω [prostatevo]
protest διαμαρτύρομαι [thiamartirome]
Protestant προτεστάντης [protestandis]
province επαρχία [eparkhia]
psychologist ψυχολόγος [psikhologos]
public (*adj.*) δημόσιος [thimosios]
public telephone δημόσιο τηλέφωνο [thimosio
  tilefono]
public toilet δημόσια τουαλέτα [thimosia tooaleta]
public transportation δημόσια συγκοινωνία
  [thimosia singinonia]
pudding πουτίγκα [pootinga]
pull τραβάω [travao]
pulse σφυγμός [sfigmos]
pump (*v.*) αντλώ [andlo]
punch (*n.*) γροθιά [groTHia]
puncture (*v.*) τρυπώ [tripo]
punish τιμωρώ [timoro]
purchase αγοράζω [agorazo]
pure αγνός [agnos]

purple μοβ [mov]
purpose σκοπός [skopos]
purse τσάντα [tsanda]
push σπρώχνω [sprokhno]
puzzle (*v.*) προβληματίζω [provlimatizo]
pyramid πυραμίδα [piramitha]

Q q

qualify (*v.*) χαρακτηρίζω [kharaktirizo]
quality ποιότητα [piotita]
quantity (*n.*) ποσότητα [posotita]
quarantine καραντίνα [karandina]
quarter τέταρτο [tetarto]
question (*n.*) ερώτηση [erotisi]
queue ουρά [oora]
quick γρήγορος [grigoros]
quiet (*adj.*) ήσυχος [isikhos]

R r

radio ραδιόφωνο [rathiofono]
rail σιδηροδρομική γραμμή [sithirothromiki grami]
railroad σιδηρόδρομος [sithirothromos]
rain (*n.*) βροχή [vrokhi]
ramp ράμπα [ramba]
rape (*n.*) βιασμός [viasmos]
rapid γρήγορος [grigoros]
rare σπάνιος [spanios]
rat αρουραίος [arooreos]
rate τιμή [timi]
ratio αναλογία [analoyia]
ration μερίδα [meritha]
raw ωμός [omos]
razor ξυραφάκι [xirafaki]
read διαβάζω [thiavazo]
ready έτοιμος [etimos]

rear (*adj.*) οπίσθιος [opisTHios]
reason λόγος [logos]
reasonable λογικός [loyikos]
rebel (*v.*) επαναστατώ [epanastato]
rebellion επανάσταση [epanastasi]
receipt απόδειξη [apothixi]
receive λαμβάνω [lamvano]
recognize αναγνωρίζω [anagnorizo]
recommend προτείνω [protino]
record (*n.*) ρεκόρ [rekor]
rectangle ορθογώνιο [orTHogonio]
recycle ανακυκλώνω [anakiklono]
red κόκκινο [kokino]
referee (*n.*) διαιτητής [thietitis]
reference συστατική επιστολή [sistatiki epistoli]
refrigerator ψυγείο [psiyio]
refuge καταφύγιο [katafiyio]
refugee πρόσφυγας [prosfigas]
refund (*n.*) επιστροφή χρημάτων [epistrofi khrimaton]
regime δίαιτα [thieta]
region περιοχή [periokhi]
registration εγγραφή [engrafi]
regular κανονικός [kanonikos]
relationship σχέση [skhesi]
relative συγγενής [singenis]
reliable αξιόπιστος [axiopistos]
religion θρησκεία [THriskia]
remedy (*n.*) θεραπεία [THerapia]
remember θυμάμαι [THimame]
remind υπενθυμίζω [ipenTHimizo]
remove αφαιρώ [afero]
rent (*v.*) ενοικιάζω [enikiazo]
repair (*v.*) επιδιορθώνω [epithiorTHono]
repair shop κατάστημα επισκευών [katastima episkevon]
repay ξεπληρώνω [xeplirono]

repeat επαναλαμβάνω [epanalamvano]
replace αντικαθιστώ [andikaTHisto]
reply (*v.*) απαντώ [apando]
report (*v.*) αναφέρω [anafero]
reporter ρεπόρτερ [reporter]
republic δημοκρατία [thimokratia]
request (*n.*) αίτημα [etima]
require απαιτώ [apeto]
rescue (*v.*) διασώζω [thiasozo]
reservation κράτηση [kratisi]
reserve κάνω κράτηση [kano kratisi]
reservoir δεξαμενή [thexameni]
respect (*v.*) σέβομαι [sevome]
rest (*v.*) ξεκουράζομαι [xekoorazome]
restaurant εστιατόριο [estiatorio]
restricted (*adj.*) περιορισμένος [periorismenos]
resume (*v.*) ξαναρχίζω [xanarkhizo]
retrieve ανακτώ [anakto]
return (*v.*) επιστρέφω [epistrefo]
reverse (*v.*) αντιστρέφω [andistrefo]
revive αναβιώνω [anaviono]
revolution επανάσταση [epanastasi]
rib πλευρό [plevro]
ribbon κορδέλα [korthela]
rice ρύζι [rizi]
ride (*v.*) ιππεύω [ipevo]
right (*adv.*) δεξιά [thexia]
ring δαχτυλίδι [thakhtilithi]
riot εξέγερση [exeyersi]
rip σκίζω [skizo]
risk (*n.*) κίνδυνος [kinthinos]
river ποτάμι [potami]
road δρόμος [thromos]
road map οδικός χάρτης [othikos khartis]
roasted ψητός [psitos]
rob ληστεύω [listevo]
rock (*n.*) ροκ [rok]

romance ρομάντσο [romantso]
romantic ρομαντικός [romandikos]
roof στέγη [steyi]
room δωμάτιο [thomatio]
room rate τιμή δωματίου [timi thomatioo]
room service υπηρεσία δωματίου [ipiresia thomatioo]
rope σχοινί [skhini]
rot (*v.*) σαπίζω [sapizo]
rotten σάπιος [sapios]
rough σκληρός [skliros]
round-trip μετ' επιστροφής [metepistrofis]
round-trip ticket εισιτήριο μετ' επιστροφής [isitirio metepistrofis]
route διαδρομή [thiathromi]
royalty βασιλεία [vasilia]
rubber γόμα [goma]
rude αγενής [ayenis]
rug χαλί [khali]
rugby ράγκμπι [rangbi]
ruins ερείπια [eripia]
rule (*n.*) κανόνας [kanonas]
run τρέχω [trekho]

S s

sacred ιερός [ieros]
sad λυπημένος [lipimenos]
saddle σέλα [sela]
safe (*adj.*) ασφαλής [asfalis]
safety ασφάλεια [asfalia]
sail (*v.*) αποπλέω [apopleo]
salad σαλάτα [salata]
salary μισθός [misTHos]
sale πώληση [polisi]
sales receipt απόδειξη πώλησης [apothixi polisis]
sales tax φόρος πωλήσεων [foros poliseon]

salon σαλόνι [sal**o**ni]
salt αλάτι [al**a**ti]
same ίδιος [**i**thios]
sample δείγμα [th**i**gma]
sanction κύρωση [k**i**rosi]
sanctuary καταφύγιο [kataf**i**yio]
sand άμμος [**a**mos]
sandals σανδάλια [santh**a**lia]
sandwich σάντουιτς [s**a**ndooits]
sanitary napkin σερβιέτα [servi**e**ta]
satellite δορυφόρος [thorif**o**ros]
Saturday Σάββατο [s**a**vato]
sauce σάλτσα [s**a**ltsa]
sausage λουκάνικο [look**a**niko]
save σώζω [s**o**zo]
saw πριόνι [pri**o**ni]
say λέω [l**e**o]
scanner σαρωτής [sarot**i**s]
scar ουλή [ool**i**]
scarf κασκόλ [kask**o**l]
scary (*adj.*) τρομακτικός [tromaktik**o**s]
scene σκηνή [skin**i**]
scenery (*n.*) τοπίο [top**i**o]
schedule (*n.*) πρόγραμμα [pr**o**grama]
school σχολείο [skhol**i**o]
science επιστήμη [epist**i**mi]
scissors ψαλίδι [psal**i**thi]
score (*n.*) σκορ [skor]
screen (*n.*) οθόνη [oTH**o**ni]
screw (*n.*) βίδα [v**i**tha]
screwdriver κατσαβίδι [katsav**i**thi]
sculpture γλυπτό [glipt**o**]
sea θάλασσα [TH**a**lasa]
seafood θαλασσινά [THalasin**a**]
search (*n.*) έρευνα [**e**revna]
seasick αισθάνομαι ναυτία [esTH**a**nome naft**i**a]
season (*n.*) εποχή [epokh**i**]

seasonal (*adj.*) εποχιακός [epokhiak**o**s]

seat θέση [TH**e**si]

seat belt ζώνη ασφαλείας [zoni asfalias]

seat number αριθμός θέσης [ariTHm**o**s TH**e**sis]

second (*adj.*) (numeral) δεύτερος [thefteros]; (*n.*)
(time) δευτερόλεπτο [thefter**o**lepto]

secondhand store κατάστημα μεταχειρισμένων
[kat**a**stima metakhirism**e**non]

secret μυστικό [mistik**o**]

secretary γραμματέας [gramat**e**as]

section (*n.*) ενότητα [en**o**tita]

secular κοσμικός [kosmik**o**s]

security ασφάλεια [asf**a**lia]

sedative ηρεμιστικό [iremistik**o**]

see βλέπω [vl**e**po]

seed σπόρος [sp**o**ros]

seek αναζητώ [anazit**o**]

seem (*v.*) φαίνομαι [f**e**nome]

select (*v.*) επιλέγω [epil**e**go]

selection επιλογή [epiloy**i**]

self-service σελφ σέρβις [self s**e**rvis]

sell πουλάω [pool**a**o]

seminar σεμινάριο [semin**a**rio]

senate γερουσία [yeroos**i**a]

senator γερουσιαστής [yeroosiast**i**s]

send στέλνω [st**e**lno]

senior ηλικιωμένος [ilikiom**e**nos]

sensitive ευαίσθητος [ev**e**sTHitos]

sentence (*n.*) ποινή [pin**i**]

separate (*adj.*) ξεχωριστός [xekhorist**o**s]; (*v.*)
χωρίζω [khor**i**zo]

September Σεπτέμβριος [sept**e**mvrios]

serious σοβαρός [sovar**o**s]

servant υπάλληλος [ip**a**lilos]

serve εξυπηρετώ [exipiret**o**]

server εξυπηρετητής [exipiretit**i**s]

service υπηρεσία [ipires**i**a]

settlement οικισμός [ikismos]
seven επτά [epta]
seventeen δεκαεπτά [thekaepta]
seventy εβδομήντα [evthominda]
sew ράβω [ravo]
sex φύλο [filo]
shampoo (*n.*) σαμπουάν [sambooan]
share (*v.*) μοιράζομαι [mirazome]
shark καρχαρίας [karkharias]
sharp αιχμηρός [ekhmiros]
shave (*v.*) ξυρίζομαι [xirizome]
shaving cream αφρός ξυρίσματος [afros xirismatos]
she αυτή [afti]
sheep πρόβατο [provato]
sheet (*n.*) σεντόνι [sendoni]
shellfish όστρακα [ostraka]
shelter (*n.*) καταφύγιο [katafiyio]
ship πλοίο [plio]
shirt πουκάμισο [pookamiso]
shoe παπούτσι [papootsi]
shoot (*v.*) πυροβολώ [pirovolo]
shop (*v.*) μαγαζί [magazi]
shopkeeper μαγαζάτορας [magazatoras]
shoplifting κλοπή σε μαγαζί [klopi se magazi]
shopping basket καλάθι αγορών [kalaTHi agoron]
shopping center εμπορικό κέντρο [emboriko kendro]
shore (*n.*) ακτή [akti]
short κοντός [kondos]
shot πυροβολισμός [pirovolismos]
shoulder ώμος [omos]
shout (*v.*) φωνάζω [fonazo]
show (*v.*) δείχνω [thikhno]
shower (*n.*) ντους [dous]
shut (*v.*) κλείνω [klino]
sick άρρωστος [arostos]
side πλευρά [plevra]

sight όραση [**o**rasi]
sightseeing αξιοθέατα [axio**TH**eata]
sign υπογράφω [ipogr**a**fo]
signal (*n.*) σήμα [s**i**ma]
signature υπογραφή [ipogr**a**fi]
silver ασήμι [as**i**mi]
sing τραγουδώ [tragooth**o**]
single (*n.*) ελεύθερος [el**e**fTHeros]; (*adj.*) μονός [mon**o**s]
sink (*n.*) νεροχύτης [nerokh**i**tis]
sir κύριος [k**i**rios]
siren σειρήνα [sir**i**na]
sister αδερφή [ath**e**rfi]
sit κάθομαι [k**a**THome]
six έξι [**e**xi]
sixteen δεκαέξι [theka**e**xi]
sixty εξήντα [ex**i**nda]
size μέγεθος [m**e**yeTHos]
skate (*v.*) κάνω πατινάζ [k**a**no patin**a**z]
ski σκι [ski]
skin δέρμα [th**e**rma]
skirt φούστα [f**oo**sta]
skull κρανίο [kr**a**nio]
sky ουρανός [ooran**o**s]
sleep (*v.*) κοιμάμαι [kim**a**me]
sleeping bag υπνόσακος [ipn**o**sakos]
sleeping car κλινάμαξα [klin**a**maxa]
sleeping pills υπνωτικά χάπια [ipnotik**a** kh**a**pia]
slow αργός [arg**o**s]
small μικρός [mikr**o**s]
smell (*v.*) μυρίζω [mir**i**zo]
smile (*v.*) χαμογελώ [khamoyel**o**]
smoke (*v.*) καπνίζω [kapn**i**zo]
smoking κάπνισμα [k**a**pnisma]
smooth (*adj.*) ομαλός [omal**o**s]
snack (*n.*) πρόχειρο γεύμα [pr**o**khiro y**e**vma]
snake φίδι [f**i**thi]

snow (*n.*) χιόνι [khi**o**ni]; (*v.*) χιονίζω [khion**i**zo]
soap (*n.*) σαπούνι [sap**oo**ni]
soccer ποδόσφαιρο [poth**o**sfero]
sock κάλτσα [k**a**ltsa]
soft απαλός [apal**o**s]
sold πωλήθηκε [pol**i**THike]
sold out εξαντλήθηκε [exandl**i**THike]
soldier στρατιώτης [strati**o**tis]
some λίγο [l**i**go]
someone κάποιος [k**a**pios]
something κάτι [k**a**ti]
son γιος [y**o**s]
song τραγούδι [trag**oo**thi]
soon (*adv.*) σύντομα [s**i**ndoma]
sore (*adj.*) ερεθισμένος [ereTHism**e**nos]
sorry συγγνώμη [singn**o**mi]
sound (*n.*) ήχος [**i**khos]
soup σούπα [s**oo**pa]
sour ξινός [xin**o**s]
source πηγή [piy**i**]
south νότιος [n**o**tios]
soy σόγια [s**o**ya]
spare (*adj.*) διαθέσιμος [thiaTH**e**simos]
spare part ανταλλακτικό [andalaktik**o**]
speak μιλάω [mil**a**o]
special ειδικός [ithik**o**s]
speed ταχύτητα [takh**i**tita]
speed limit όριο ταχύτητας [**o**rio takh**i**titas]
speedometer κοντέρ [kond**e**r]
spell (*v.*) συλλαβίζω [silav**i**zo]
spend ξοδεύω [xoth**e**vo]
spicy πικάντικος [pik**a**ndikos]
spider αράχνη [ar**a**khni]
spine σπονδυλική στήλη [sponthilik**i** st**i**li]
spoon (*n.*) κουτάλι [koot**a**li]
sport άθλημα [**a**THlima]
sports αθλήματα [aTHl**i**mata]

spring άνοιξη [**a**nixi]
square πλατεία [plat**i**a]
stadium στάδιο [st**a**thio]
staff (*n.*) προσωπικό [prosopik**o**]
stairs σκάλα [sk**a**la]
stamp (*n.*) γραμματόσημο [gramat**o**simo]
stand (*v.*) στέκομαι [st**e**kome]
standard (*n.*) πρότυπο [pr**o**tipo]
start (*v.*) αρχίζω [arkh**i**zo]
state κατάσταση [kat**a**stasi]
station σταθμός [staTHm**o**s]
statue άγαλμα [**a**galma]
stay (*v.*) μένω [m**e**no]
steak μπριζόλα [briz**o**la]
steal κλέβω [kl**e**vo]
step (*n.*) βήμα [v**i**ma]
sterile αποστειρωμένος [apostirom**e**nos]
stitch ράμμα [r**a**ma]
stolen κλεμμένος [klem**e**nos]
stomach στομάχι [stom**a**khi]
stone πέτρα [p**e**tra]
stop (*n.*) στάση [st**a**si]
store (*n.*) κατάστημα [kat**a**stima]
storm καταιγίδα [katey**i**tha]
stove κουζίνα [kooz**i**na]
straight ευθεία [efTH**i**a]
stranger ξένος [x**e**nos]
street δρόμος [thr**o**mos]
student φοιτητής [fitit**i**s]
study (*v.*) σπουδάζω [spooth**a**zo]
substitute υποκατάστατο [ipokat**a**stato]
suburb προάστιο [pro**a**stio]
subway μετρό [metr**o**]
sugar ζάχαρη [z**a**khari]
suit (*n.*) κοστούμι [kost**oo**mi]
suitcase βαλίτσα [val**i**tsa]
suite σουίτα [soo**i**ta]

summer καλοκαίρι [kalok**e**ri]
summon (v.) καλώ [kal**o**]
sun ήλιος [**i**lios]
sunblock αντιηλιακό [andiiliak**o**]
sunburn ηλιακό έγκαυμα [iliak**o** engafma]
supermarket σουπερμάρκετ [sooperm**a**rket]
supplies προμήθειες [prom**i**THies]
surgeon χειρούργος [khir**oo**rgos]
surgery εγχείρηση [enkh**i**risi]
surname επώνυμο [ep**o**nimo]
surprise (n.) έκπληξη [**e**kplixi]
surrender (v.) παραδίδομαι [parath**i**thome]
suspect (n.) ύποπτος [**i**poptos]
swallow (v.) καταπίνω [katap**i**no]
swear ορκίζομαι [ork**i**zome]
sweat ιδρώνω [ithr**o**no]
sweet γλυκός [glik**o**s]
swelling πρήξιμο [pr**i**ximo]
swim κολυμπάω [kolimb**a**o]
symbol σύμβολο [s**i**mvolo]
symptom σύμπτωμα [s**i**mbtoma]
synagogue συναγωγή [sinagoy**i**]
syringe σύριγγα [s**i**ringa]
system σύστημα [s**i**stima]

T t

table τραπέζι [trap**e**zi]
tag ετικέτα [etik**e**ta]
take παίρνω [p**e**rno]
talk (v.) μιλάω [mil**a**o]
tall ψηλός [psil**o**s]
tampon ταμπόν [tamb**o**n]
tape ταινία [ten**i**a]
taste γεύση [y**e**fsi]
tax (n.) φόρος [f**o**ros]
taxi ταξί [tax**i**]

tea τσάι [tsai]
teacher δάσκαλος [thaskalos]
telephone (*n.*) τηλέφωνο [tilefono]
television τηλεόραση [tileorasi]
tell λέω [leo]
temperature θερμοκρασία [THermokrasia]
temple ναός [naos]
temporary προσωρινός [prosorinos]
ten δέκα [theka]
tenant ένοικος [enikos]
tent σκηνή [skini]
territory περιοχή [periokhi]
terrorist τρομοκράτης [tromokratis]
test (*n.*) τεστ [test]
thank you σε/σας ευχαριστώ [se/sas efkharisto]
that εκείνος [ekinos]
theater θέατρο [THeatro]
then (*adv.*) τότε [tote]
there εκεί [eki]
they αυτοί [afti]
thief κλέφτης [kleftis]
thigh μηρός [miros]
thin λεπτός [leptos]
thing πράγμα [pragma]
think σκέφτομαι [skeftome]
thirsty διψάω [thipsao]
thirty τριάντα [trianda]
this αυτός [aftos]
thought σκέψη [skepsi]
thousand χίλια [khilia]
threat (*n.*) απειλή [apili]
three τρία [tria]
throat λαιμός [lemos]
through μέσα από [mesa apo]
throw ρίχνω [rikhno]
thumb αντίχειρας [andikhiras]
thunder κεραυνός [kerafnos]

Thursday Πέμπτη [**p**emb**ti**]
ticket (*n.*) εισιτήριο [isi**ti**rio]
tie (*n.*) γραβάτα [grav**a**ta]
time (*n.*) ώρα [**o**ra]
tip (*n.*) φιλοδώρημα [filoth**o**rima]
tire λάστιχο [**la**stikho]
today σήμερα [**si**mera]
together μαζί [ma**zi**]
toilet τουαλέτα [tooal**e**ta]
toilet paper χαρτί τουαλέτας [khar**ti** tooal**e**tas]
toll (*n.*) χρέωση [khr**e**osi]
tomato ντομάτα [dom**a**ta]
tomorrow αύριο [**a**vrio]
tonight απόψε [ap**o**pse]
tool εργαλείο [erga**li**o]
tooth δόντι [th**o**ndi]
toothache πονόδοντος [pon**o**thondos]
toothbrush οδοντόβουρτσα [othond**o**voortsa]
toothpaste οδοντόκρεμα [othond**o**krema]
top κορυφή [kori**fi**]
torture (*v.*) βασανίζω [vasa**ni**zo]
total σύνολο [**si**nolo]
touch (*v.*) αγγίζω [an**gi**zo]
tourist τουρίστας [too**ri**stas]
towel πετσέτα [pets**e**ta]
town πόλη [**po**li]
trade (*n.*) εμπόριο [emb**o**rio]
tradition παράδοση [par**a**thosi]
traditional παραδοσιακός [parathosiak**o**s]
traffic κυκλοφορία [kiklofor**i**a]
trail μονοπάτι [monop**a**ti]
train τρένο [tr**e**no]
train station σιδηροδρομικός σταθμός
　　[sithirothromik**o**s sta**TH**m**o**s]
transfer μεταφέρω [metaf**e**ro]
translate μεταφράζω [metafr**a**zo]
translator μεταφραστής [metafras**ti**s]

transplant (*n.*) μόσχευμα [moskhevma]
transport μεταφέρω [metafero]
transportation μεταφορά [metafora]
trap (*v.*) παγιδεύω [payithevo]
trash σκουπίδια [skoopithia]
travel (*v.*) ταξιδεύω [taxithevo]
tray δίσκος [thiskos]
treat (*v.*) θεραπεύω [THerapevo]
trespassing καταπάτηση [katapatisi]
trial δίκη [thiki]
triangle τρίγωνο [trigono]
tribe φυλή [fili]
trick (*n.*) κόλπο [kolpo]
trip ταξίδι [taxithi]
trolley καροτσάκι [karotsaki]
trouble μπελάς [belas]
truck φορτηγό [fortigo]
trunk πορτ-μπαγκάζ [portbagaz]
trust (*v.*) εμπιστεύομαι [embistevome]
truth αλήθεια [aliTHia]
try προσπαθώ [prospaTHo]
true (*adj.*) αληθινός [aliTHinos]
Tuesday Τρίτη [triti]
tunnel σήραγγα [siranga]
turn (*n.*) στροφή [strofi]
tutor (*n.*) καθηγητής [kaTHiyitis]
twelve δώδεκα [thotheka]
twenty είκοσι [ikosi]
twice (*adv.*) δύο φορές [thio fores]
twin διπλός [thiplos]
type (*n.*) είδος [ithos]

U u

umbrella ομπρέλα [ombrela]
uncle θείος [THios]
uncomfortable (*adj.*) άβολος [avolos]

unconscious (*adj.*) αναίσθητος [anesTHitos]
under (*prep.*) κάτω από [kato apo]
underground (*adj./adv.*) υπόγειος/υπογείως
  [ipoyios/ipoyios]
understand καταλαβαίνω [katalaveno]
underwear εσώρουχο [esorookho]
undo λύνω [lino]
unfamiliar άγνωστος [agnostos]
unhappy δυστυχισμένος [thistikhismenos]
uniform (*n.*) στολή [stoli]
union ένωση [enosi]
United States Ηνωμένες Πολιτείες [inomenes
  polities]
university πανεπιστήμιο [panepistimio]
unlock ξεκλειδώνω [xeklithono]
until (*conj.*) μέχρι [mekhri]
unusual (*adj.*) ασυνήθιστος [asiniTHistos]
up (*adv.*) πάνω [pano]
use (*v.*) χρησιμοποιώ [khrisimopio]
usual (*adj.*) συνηθισμένος [siniTHismenos]

V v

vacancy ελεύθερο δωμάτιο [elefTHero thomatio]
vacation διακοπές [thiakopes]
vaccinate εμβολιάζω [emvoliazo]
vanilla βανίλια [vanilia]
vegetable λαχανικό [lakhaniko]
vegetarian χορτοφάγος [khortofagos]
vehicle όχημα [okhima]
veil πέπλο [peplo]
vein φλέβα [fleva]
verb βότανο [votano]
very (*adj.*) πολύς [polis]
video βίντεο [vindeo]
view θέα [THea]
village χωριό [khorio]

violence βία [via]
virus ιός [ios]
visa βίζα [viza]
visit (*v.*) επισκέπτομαι [episkeptome]
visitor επισκέπτης [episkeptis]
voice φωνή [foni]
volunteer (*n.*) εθελοντής [eTHelondis]
vomit (*v.*) κάνω εμετό [kano emeto]
vote (*v.*) ψηφίζω [psifizo]

W w

wait (*v.*) περιμένω [perimeno]
wake (*v.*) ξυπνώ [xipno]
walk (*v.*) περπατώ [perpato]
wall τοίχος [tikhos]
wallet πορτοφόλι [portofoli]
want θέλω [THelo]
war πόλεμος [polemos]
warm (*v.*) ζεστός [zestos]
warn προειδοποιώ [proithopio]
warning προειδοποίηση [proithopiisi]
wash (*n.*) πλύση [plisi]
washing machine πλυντήριο [plindirio]
watch (*n.*) ρολόι [roloi]
water (*n.*) νερό [nero]
we εμείς [emis]
wear (*v.*) φορώ [foro]
weather καιρός [keros]
wedding γάμος [gamos]
Wednesday Τετάρτη [tetarti]
week εβδομάδα [evthomatha]
weekday καθημερινή [kaTHimerini]
weekend σαββατοκύριακο [savatokiriako]
weigh ζυγίζω [ziyizo]
welcome καλωσορίζω [kalosorizo]
well (*interj.*) λοιπόν [lipon]

west δυτικός [thitik**o**s]
what τι [ti]
wheat σιτάρι [sit**a**ri]
wheel τιμόνι [tim**o**ni]
wheelchair αναπηρικό καροτσάκι [anapirik**o** karots**a**ki]
when πότε [p**o**te]
where (*adv.*) που [poo]
whistle (*v.*) σφυρίζω [sfir**i**zo]
white άσπρο [**a**spro]
who (*pron.*) ποιος [pios]
why (*adv.*) γιατί [yat**i**]
wife σύζυγος [s**i**zigos]
wild άγριος [**a**grios]
win (*v.*) κερδίζω [kerth**i**zo]
wind άνεμος [**a**nemos]
window παράθυρο [par**a**THiro]
wine κρασί [kras**i**]
wing φτερό [fter**o**]
winter χειμώνας [khim**o**nas]
wipe (*v.*) καθαρίζω [kaTHar**i**zo]
wire (*n.*) σύρμα [s**i**rma]
wireless Internet ασύρματο Ίντερνετ [asirmato **i**ndernet]
wisdom σοφία [sof**i**a]
withdraw κάνω ανάληψη [k**a**no an**a**lipsi]
withdrawal ανάληψη [an**a**lipsi]
without χωρίς [khor**i**s]
woman γυναίκα [yin**e**ka]
wood ξύλο [x**i**lo]
wool μαλλί [mal**i**]
word λέξη [l**e**xi]
work δουλεύω [thool**e**vo]
world κόσμος [k**o**smos]
worm σκουλήκι [skool**i**ki]
worry (*v.*) ανησυχώ [anisikh**o**]
wrap (*v.*) τυλίγω [til**i**go]

wrist καρπός [karp**o**s]
write γράφω [gr**a**fo]
wrong λάθος [l**a**THos]

X x

X-ray ακτινογραφία [aktinogra**fi**a]

Y y

year χρόνος [khr**o**nos]
yeast μαγιά [may**a**]
yell φωνάζω [fon**a**zo]
yellow κίτρινο [k**i**trino]
yes ναι [ne]
yesterday χθες [khTH**e**s]
yogurt γιαούρτι [ya**oo**rti]
you εσύ/εσείς [es**i**/es**i**s]
young (*adj.*) νέος [n**e**os]

Z z

zero μηδέν [mith**e**n]
zipper φερμουάρ [fermoo**a**r]
zoo ζωολογικός κήπος [zooloyik**o**s k**i**pos]

PHRASEBOOK

BASIC LANGUAGE

Essentials

Hello.
Γεια σας. [ya sas]

Goodbye.
Αντίο. [andio]

Yes.
Ναι. [ne]

No.
Όχι. [okhi]

Do you speak English?
Μιλάτε Αγγλικά; [milate anglika]

Excuse me. (*to get attention*)
Παρακαλώ. [parakalo]

Excuse me. (*to pass*)
Με συγχωρείτε. [me sinkhorite]

Okay.
Εντάξει. [endaxi]

Please.
Παρακαλώ. [parakalo]

Thank you.
Ευχαριστώ. [efkharisto]

You're welcome.
Παρακαλώ. [parakalo]

Sorry.
Συγγνώμη. [singnomi]

It doesn't matter.
Δεν πειράζει. [then pirazi]

I need ...
Χρειάζομαι ... [khriazome]

Help!
Βοήθεια! [voiTHia]

Where is the bathroom?
Πού είναι το μπάνιο; [poo ine to banio]

Who?	What?	Where?
Ποιος; [pios]	**Τι;** [ti]	**Πού;** [poo]

When?	Why?
Πότε; [pote]	**Γιατί;** [yati]

entrance	exit
είσοδος [isothos]	**έξοδος** [exothos]

open	closed
ανοιχτός [anikhtos]	**κλειστός** [klistos]

good	bad
καλός [kalos]	**κακός** [kakos]

this	that
αυτός [aftos]	**εκείνος** [ekinos]

here	there
εδώ [etho]	**εκεί** [eki]

Greetings

Good morning.	Good afternoon.
Καλημέρα.	**Καλησπέρα.**
[kalimera]	[kalispera]

BASIC LANGUAGE

Good evening.
Καλησπέρα.
[kalispera]

Good night.
Καληνύχτα.
[kalinikhta]

Welcome!
Καλώς ήλθατε! [kalos ilTHate]

How are you?
Τι κάνετε; [ti kanete]

I'm fine, thank you.
Καλά, ευχαριστώ. [kala, efkharisto]

And you?
Κι εσείς; [ki esis]

See you ...
Τα λέμε ... [ta leme]

soon	later	tomorrow
σύντομα	**αργότερα**	**αύριο**
[sindoma]	[argotera]	[avrio]

Take care!
Να προσέχεις! [na prosekhis]

Language Difficulties

Do you speak English?
Μιλάτε Αγγλικά; [milate anglika]

Does anyone here speak English?
Υπάρχει κάποιος εδώ που μιλάει Αγγλικά;
[iparkhi kapios etho poo milai anglika]

I don't speak … (*name of language*).
Δεν μιλάω … [then milao]

I speak only a little … (*name of language*).
Μιλάω λίγο … [milao ligo]

I speak only English.
Μιλάω μόνο Αγγλικά. [milao mono anglika]

Do you understand?
Καταλαβαίνετε; [katalavenete]

I understand.
Καταλαβαίνω. [katalaveno]

I don't understand.
Δεν καταλαβαίνω. [then katalaveno]

Could you please …?
Μπορείτε σας παρακαλώ να …;
[Borite sas parakalo na]

   repeat that
   το επαναλάβετε [to epanalavete]

   speak more slowly
   μιλάτε πιο αργά [milate pio arga]

   speak louder
   μιλάτε πιο δυνατά [milate pio thinata]

   point out the word for me
   μου δείξετε τη λέξη [moo thixete ti lexi]

   write that down
   το γράψετε [to grapsete]

   wait while I look it up
   περιμένετε να το βρω [perimenete na to vro]

What does … mean?
Τι σημαίνει …; [ti simeni]

How do you say … in (*name of language*)?
Πώς λένε το … στα Ελληνικά;
[pos lene to sta elinika]

How do you spell … ?
Πώς γράφετε το …; [pos grafete to]

TRAVEL & TRANSPORTATION

Arrival, Departure, and Clearing Customs

I'm here …
Είμαι εδώ … [ime etho]

on vacation
για διακοπές [ya thoolia]

for business
για δουλειά [ya thiakopes]

to visit relatives
για να επισκεφτώ συγγενείς [ya na episkefto singenis]

to study
για σπουδές [ya spoothes]

I'm just passing through.
Είμαι απλά περαστικός. [ime apla perastikos]

I'm going to …
Πηγαίνω στο … [piyeno sto]

I'm staying at …
Μένω στο … [meno sto]

I'm staying for X …
Μένω για X … [meno ya X]

days	weeks	months
μέρες	**εβδομάδες**	**μήνες**
[meres]	[evthomathes]	[mines]

You Might Hear

Έχετε να δηλώσετε κάτι;
[ekhete na thilosete kati]
Do you have anything to declare?

Το πακετάρατε αυτό μόνος σας;
[to paketarate afto monos sas]
Did you pack this on your own?

Παρακαλώ ανοίξτε αυτή την τσάντα.
[parakalo anixte afti tin tsanda]
Please open this bag.

Πρέπει να πληρώσετε φόρο για αυτό.
[prepi na plirosete foro ya afto]
You must pay duty on this.

Πού θα μείνετε;
[poo THa minete]
Where are you staying?

Πόσο καιρό θα μείνετε;
[poso kero THa minete]
How long are you staying?

I have nothing to declare.
Δεν έχω τίποτα να δηλώσω.
[then **e**kho **ti**pota na thil**o**so]

I'd like to declare ...
Θα ήθελα να δηλώσω ...
[THa **i**THela na thil**o**so]

Do I have to declare this?
Πρέπει να το δηλώσω αυτό;
[pr**e**pi na to thil**o**so aft**o**]

That is mine.
Αυτό είναι δικό μου.
[aft**o i**ne thik**o** moo]

That is not mine.
Αυτό δεν είναι δικό μου.
[aft**o** then **i**ne thik**o** moo]

This is for personal use.
Αυτό είναι για προσωπική χρήση.
[aft**o i**ne ya prosopik**i** khr**i**si]

This is a gift.
Αυτό είναι για δώρο.
[aft**o i**ne ya th**o**ro]

I'm with a group.
Ταξιδεύω με γκρουπ.
[taxith**e**vo me groop]

I'm on my own.
Ταξιδεύω μόνος μου.
[taxith**e**vo m**o**nos moo]

You Might See

Υπηρεσία μετανάστευσης
Immigration

Τελωνείο
Customs

Έλεγχος διαβατηρίου
Passport control

Απομόνωση
Quarantine

Έλεγχος ασφαλείας
Security Check

Έλληνες πολίτες
(country name) citizens

Αλλοδαποί
Foreigners

Αφορολόγητα
Duty-Free

Παραλαβή αποσκευών
Baggage Claim

Αστυνομία
Police

Here is my …
Ορίστε … μου …
[oriste … moo]

> boarding pass
> **η κάρτα επιβίβασης** [i karta epivivasis]
>
> ID
> **η ταυτότητα** [i taftotita]
>
> passport
> **το διαβατήριο** [to thiavatirio]
>
> ticket
> **το εισιτήριο** [to isitirio]
>
> visa
> **η βίζα** [i viza]

Ticketing

Where can I buy a … ticket?
Πού μπορώ να αγοράσω ένα εισιτήριο για …;
[poo boro na agoraso ena isitirio ya]

> | bus | plane |
> |---|---|
> | **λεωφορείο** | **αεροπλάνο** |
> | [leoforio] | [aeroplano] |
> | | |
> | train | subway |
> | **τρένο** | **μετρό** |
> | [treno] | [metro] |
> | | |
> | one-way | round-trip |
> | **χωρίς επιστροφή** | **μετ' επιστροφής** |
> | [khoris epistrofi] | [metepistrofis] |

first class
πρώτης θέσης
[protis THesis]

economy class
οικονομικής θέσης
[ikonomikis THesis]

business class
διακεκριμένης θέσης
[thiakekrimenis THesis]

A ticket to … please.
Ένα εισιτήριο για … παρακαλώ.
[ena isitirio ya … parakalo]

One ticket, please. / Two tickets, please.
**Ένα εισιτήριο, παρακαλώ. /
Δύο εισιτήρια, παρακαλώ.**
[ena isitirio parakalo / thio isitiria parakalo]

How much?
Πόσο κάνει;
[poso kani]

Is there a discount for …?
Υπάρχει έκπτωση για …;
[iparkhi ekptosi ya]

children
παιδιά
[pethia]

senior citizens
συνταξιούχους
[sindaxiookhoos]

students
φοιτητές
[fitites]

tourists
τουρίστες
[tooristes]

I have an e-ticket.
Έχω ηλεκτρονικό εισιτήριο.
[ekho ilektroniko isitirio]

You Might See

Θυρίδα εισιτηρίων
Ticket window

Κρατήσεις
Reservations

Can I buy a ticket on the …?
Μπορώ να αγοράσω εισιτήριο στο …;
[boro na agoraso isitirio sto]

bus	train	boat
λεωφορείο	**τρένο**	**πλοίο**
[leoforio]	[treno]	[plio]

Do I need to stamp the ticket?
Χρειάζεται να σφραγίσω το εισιτήριο;
[khriazete na sfrayiso to isitirio]

I'd like to … my reservation.
Θα ήθελα να … την κράτηση μου.
[THa iTHela na … tin kratisi moo]

change	cancel	confirm
αλλάξω	**ακυρώσω**	**επιβεβαιώσω**
[alaxo]	[akiroso]	[epiveveoso]

How long is this ticket valid for?
Για πόσο ισχύει το εισιτήριο μου;
[ya poso iskhii to isitirio moo]

TRAVEL & TRANSPORTATION

I'd like to leave …
Θα ήθελα να φύγω …
[THa **i**THela na f**i**go]

I'd like to arrive …
Θα ήθελα να φτάσω …
[THa **i**THela na ft**a**so]

today
σήμερα
[s**i**mera]

tomorrow
αύριο
[**a**vrio]

next week
την επόμενη εβδομάδα
[tin ep**o**meni evthom**a**tha]

in the morning
το πρωί
[to pro**i**]

in the afternoon
το απόγευμα
[to ap**o**yevma]

in the evening
το βράδυ
[to vr**a**thi]

late at night
αργά τη νύχτα
[arg**a** ti n**i**khta]

Flying

When is the next flight to …?
Πότε είναι η επόμενη πτήση για …;
[p**o**te **i**ne i ep**o**meni pt**i**si ya]

Is there a bus/train to the airport?
Υπάρχει λεωφορείο/τρένο για το αεροδρόμιο;
[ip**a**rkhi leofor**i**o/tr**e**no ya to aerothr**o**mio]

How much is a taxi to the airport?
Πόσο κοστίζει το ταξί για το αεροδρόμιο;
[p**o**so kost**i**zi to tax**i** ya to aerothr**o**mio]

Airport, please.
Στο αεροδρόμιο, παρακαλώ.
[sto aerothr**o**mio, parakal**o**]

My airline is …
Η αεροπορική εταιρεία μου είναι …
[i aeroporiki eteria moo ine]

My flight leaves at …
Η πτήση μου αναχωρεί στις …
[i ptisi moo anakhori stis]

My flight number is …
Ο αριθμός πτήσης μου είναι …
[o ariTHmos ptisis moo ine]

What terminal? / What gate?
Ποιος τερματικός σταθμός; / Ποια πύλη;
[pios termatikos staTHmos / pia pili]

Where is the check-in desk?
Πού είναι το check-in;
[poo ine to check-in]

My name is …
Με λένε … [me lene]

I'm going to …
Πηγαίνω στο … [piyeno sto]

Is there a connecting flight?
Υπάρχει πτήση ανταπόκρισης;
[iparkhi ptisi andapokrisis]

I'd like … flight
Θα ήθελα πτήση …
[THa iTHela ptisi]

a direct	a connecting	an overnight
απευθείας	**ανταπόκρισης**	**νυχτερινή**
[apefTHias]	[andapokrisis]	[nikhterini]

You Might Hear

Επόμενος!
[epomenos]
Next!

**Το διαβατήριο/Την κάρτα επιβίβασης σας,
    παρακαλώ.**
[to thiavatirio/tin karta epivivasis sas parakalo]
Your passport/boarding pass, please.

Αδειάστε τις τσέπες σας.
[athiaste tis tsepes sas]
Empty your pockets.

Βγάλτε τα παπούτσια σας.
[vgalte ta papootsia sas]
Take off your shoes.

**Τοποθετήστε όλα τα μεταλλικά αντικείμενα
    στο δίσκο.**
[topoTHetiste ola ta metalika andikimena sto thisko]
Place all metal items in the tray.

Αριθμός πτήσης ...   **Αριθμός πύλης ...**
[ariTHmos ptisis]   [ariTHmos pilis]
Flight number ...   Gate number ...

Επιβίβαση τώρα ...
[epivivasi tora]
Now boarding ...

How long is the layover?
Πόσο διαρκεί η στάση;
[poso thiarki i stasi]

I have …
Έχω … [ekho]

one suitcase	two suitcases
μία βαλίτσα	**δύο βαλίτσες**
[mia valitsa]	[thio valitses]
one carry-on item	two carry-on items
μία χειραποσκευή	**δύο χειραποσκευές**
[mia khiraposkevi]	[thio khiraposkeves]

Do I have to check this bag?
**Πρέπει να περάσω αυτή την τσάντα από τον
έλεγχο;**
[prepi na peraso afti tin tsanda apo ton elenkho]

How much luggage is allowed?
Πόσες αποσκευές επιτρέπονται;
[poses aposkeves epitreponde]

I'd like … seat.
Θα ήθελα μία θέση …
[THa iTHela mia THesi]

a window	an aisle
στο παράθυρο	**στο διάδρομο**
[sto paraTHiro]	[sto thiathromo]
an exit row	
στην έξοδο κινδύνου	
[stin exotho kinthinoo]	

Can you seat us together?
Μπορείτε να μας δώσετε διπλανές θέσεις;
[borite na mas thosete thiplanes THesis]

Is the flight …?
Έχει … η πτήση;
[ekhi … i ptisi]

delayed	cancelled
καθυστέρηση	**ακυρωθεί**
[kaTHisterisi]	[akiroTHi]

on time
φτάσει στην ώρα της
[ftasi stin ora tis]

Where is the baggage claim?
Πού είναι η παραλαβή αποσκευών;
[poo ine i paralavi aposkevon]

I've lost my luggage.
Έχασα την αποσκευή μου.
[ekhasa tin aposkevi moo]

My luggage has been stolen.
Κλέψανε την αποσκευή μου.
[klepsane tin aposkevi moo]

My suitcase is damaged.
Η βαλίτσα μου καταστράφηκε.
[i valitsa moo katastrafike]

You Might See

Check-in
Check-in

Ηλεκτρονικό check-in
E-ticket check-in

Κάρτα επιβίβασης
Boarding pass

Επιβίβαση
Boarding

Ασφάλεια
Security

Παραλαβή αποσκευών
Baggage claim

Διεθνής
International

Εσωτερικός
Domestic

Αφίξεις
Arrivals

Αναχωρήσεις
Departures

Συνδέσεις
Connections

Taking the Train

Which line goes to … Station?
Ποια γραμμή πηγαίνει στο Σταθμό …;
[pia grami piyeni sto staTHmo]

Is it direct?
Είναι απευθείας;
[ine apefTHias]

Is it an express/local train?
Είναι εξπρές/τοπικό τρένο;
[ine expres/topiko treno]

I'd like to take the bullet/high-speed train.
**Θα ήθελα να πάρω το τρένο-σφαίρα/υψηλής
    ταχύτητας.**
[THa iTHela na paro to treno sfera/ipsilis takhititas]

Do I have to change trains?
Πρέπει να αλλάξω τρένα;
[prepi na alaxo trena]

Can I have a schedule?
Μπορώ να έχω ένα πρόγραμμα δρομολογίων;
[boro na ekho ena programa thromologion]

When is the last train back?
Πότε επιστρέφει το τελευταίο τρένο;
[pote epistrefi to telefteo treno]

Which track?
Ποια πλατφόρμα;
[pia platforma]

Where is track …?
Πού είναι η πλατφόρμα …;
[poo ine i platforma]

Where is/are the ...?
Πού είναι ...;
[poo **i**ne]

dining car
το βαγόνι-εστιατόριο
[to vag**o**ni estiat**o**rio]

information desk
οι πληροφορίες
[i plirofories]

luggage lockers
οι θυρίδες φύλαξης αποσκευών
[i THirithes filaxis aposkev**o**n]

reservations desk
το γραφείο κρατήσεων
[to grafio kratiseon]

ticket machine
το μηχάνημα εισιτηρίων
[to mikh**a**nima isitirion]

ticket office
το γραφείο εισιτηρίων
[to grafio isitirion]

waiting room
η αίθουσα αναμονής
[i **e**THoosa anamonis]

This is my seat.
Αυτή είναι η θέση μου.
[afti ine i THesi moo]

Here is my ticket.
Ορίστε το εισιτήριο μου.
[oriste to isitirio moo]

Can I change seats?
Μπορώ να αλλάξω θέσεις;
[bor**o** na al**a**xo TH**e**sis]

What station is this?
Ποιος είναι αυτός ο σταθμός;
[pios **i**ne aft**o**s o staTHm**o**s]

What is the next station?
Ποιος είναι ο επόμενος σταθμός;
[pios **i**ne o ep**o**menos staTHm**o**s]

Does this train stop at …?
Κάνει το τρένο στάση στο …;
[k**a**ni to tr**e**no st**a**si sto]

Bus and Subway

Which bus/subway do I take for …?
Ποιο λεωφορείο/μετρό πρέπει να πάρω για …;
[pio leofor**i**o/metr**o** pr**e**pi na p**a**ro ya]

Which …?
Ποια/Ποιος …;
[pia/pios]

gate	line	station	stop
πύλη	**γραμμή**	**σταθμός**	**στάση**
[pili]	[gram**i**]	[staTHm**o**s]	[st**a**si]

Where is the nearest bus stop?
Πού είναι η πλησιέστερη στάση λεωφορείου;
[poo **i**ne i plisi**e**steri st**a**si leofor**i**oo]

Where is the nearest subway station?
Πού είναι ο πλησιέστερος σταθμός μετρό;
[poo ine o plisiesteros staTHmos metro]

Can I have a bus/subway map?
Μπορώ να έχω ένα χάρτη των λεωφορείων/του μετρό;
[boro na ekho ena kharti ton leoforion/too metro]

How far is it?
Πόσο μακριά είναι;
[poso makria ine]

How do I get to …?
Πώς μπορώ να πάω στο …;
[pos boro na pao sto]

Is this the bus/subway to …?
Πηγαίνει αυτό το λεωφορείο/μετρό στο …;
[piyeni afto to leoforio/metro sto]

When is the … bus to …?
Πότε είναι το … λεωφορείο για …;
[pote ine … to leoforio ya …]

first	next	last
πρώτο	**επόμενο**	**τελευταίο**
[proto]	[epomeno]	[telefteo]

Do I have to change buses/trains?
Πρέπει να αλλάξω λεωφορεία/τρένα;
[prepi na alaxo leoforia/trena]

Where do I transfer?
Πού κάνω την αλλαγή;
[poo kano tin alayi]

Can you tell me when to get off?
Μπορείτε να μου πότε θα κατέβω;
[borite na moo pite pote THa katevo]

How many stops to …?
Πόσες στάσεις είναι μέχρι το …;
[poses stasis ine mekhri to]

Where are we?
Πού είμαστε;
[poo imaste]

Next stop, please!
Στην επόμενη στάση, παρακαλώ!
[stin epomeni stasi parakalo]

Stop here, please!
Σταματήστε εδώ, παρακαλώ!
[stamatiste etho parakalo]

You Might See

Στάση λεωφορείου
Bus stop

Στάση μετρό
Subway Station

Είσοδος
Entrance

Έξοδος
Exit

Taxi

Taxi!
Ταξί! [taxi]

Where can I get a taxi?
Πού μπορώ να βρω ταξί;
[poo boro na vro taxi]

Can you call a taxi?
Μπορείτε να καλέσετε ένα ταξί;
[borite na kalesete ena taxi]

I'd like a taxi now / in an hour.
Θα ήθελα ένα ταξί τώρα / σε μία ώρα.
[THa iTHela ena taxi tora / se mia ora]

Pick me up at …
Με παίρνετε από το … [me pernete apo to]

Take me to …
Με πηγαίνετε … [me piyenete]

   this address
   σε αυτή τη διεύθυνση
   [se afti ti thiefTHinsi]

   the airport
   στο αεροδρόμιο
   [sto aerothromio]

   the train station
   στον σιδηροδρομικό σταθμό
   [ston sithirothromiko staTHmo]

   the bus station
   στο σταθμό των λεωφορείων
   [sto staTHmo ton leoforion]

Can you take a different route?
Μπορείτε να ακολουθήσετε διαφορετική διαδρομή;
[borite na akolooTHisete thiaforetiki thiathromi]

Can you drive faster/slower?
Μπορείτε να οδηγείτε πιο γρήγορα/αργά;
[borite na othiyite pio grigora/arga]

Stop/Wait here.
Σταματήστε/Περιμένετε εδώ.
[stamatiste/perimenete etho]

How much will it cost?
Πόσο θα κοστίσει;
[poso THa kostisi]

You said it would cost …
Είπατε ότι θα κοστίσει …
[ipate oti THa kostisi]

Keep the change.
Κρατήστε τα ψιλά.
[kratiste ta psila]

Driving

Renting a Car

Where is the car rental?
Πού είναι το γραφείο ενοικίασης αυτοκινήτων;
[poo ine to grafio enikiasis aftokiniton]

I'd like …
Θα ήθελα … [THa **i**THela]

a cheap/compact car
ένα φθηνό/μικρό αυτοκίνητο
[**e**na fTHin**o**/mikr**o** aftok**i**nito]

a van
ένα τροχόσπιτο
[**e**na trokh**o**spito]

an SUV
ένα τζιπ
[**e**na tzip]

an automatic transmission
ένα αυτόματο κιβώτιο ταχυτήτων
[**e**na aft**o**mato kiv**o**tio takhit**i**ton]

a manual transmission
ένα χειροκίνητο κιβώτιο ταχυτήτων
[**e**na khirok**i**nito kiv**o**tio takhit**i**ton]

a scooter
ένα σκούτερ
[**e**na sk**oo**ter]

a motorcycle
μία μοτοσικλέτα
[m**i**a motosikl**e**ta]

air conditioning
κλιματισμό
[klimatism**o**]

a child seat
ένα παιδικό κάθισμα
[**e**na pethik**o** ka**TH**isma]

How much does it cost …?
Πόσο κοστίζει …; [p**o**so kost**i**zi]

per day	per week	per kilometer
τη μέρα	**την εβδομάδα**	**το χιλιόμετρο**
[ti m**e**ra]	[tin evthom**a**tha]	[to khili**o**metro]

for unlimited mileage
για απεριόριστα χιλιόμετρα
[ya aperiorista khiliometra]

with full insurance
με πλήρη ασφάλιση
[me pliri asfalisi]

What kind of fuel does it use?
Τι είδους καύσιμα χρησιμοποιεί;
[ti ithoos kafsima khrisimopii]

Are there any discounts?
Κάνετε κάποια έκπτωση;
[kanete kapia ekptosi]

I (don't) have an international driver's license.
(Δεν) Έχω διεθνές δίπλωμα οδήγησης.
[(then) ekho thieTHnes thiploma othiyisis]

I don't need it until …
Δεν το χρειάζομαι μέχρι …
[then to khriazome mekhri]

Monday	Friday
τη Δευτέρα	**την Παρασκευή**
[ti theftera]	[tin paraskevi]
Tuesday	Saturday
την Τρίτη	**το Σάββατο**
[tin triti]	[to savato]
Wednesday	Sunday
την Τετάρτη	**την Κυριακή**
[tin tetarti]	[tin kiriaki]
Thursday	
την Πέμπτη	
[tin pembti]	

You Might Hear

Χρειάζομαι μια προκαταβολή.
[khri**a**zome mia prokatavol**i**]
I'll need a deposit.

Τα αρχικά σας εδώ.
[ta arkhik**a** sas eth**o**]
Initial here.

Υπογράψτε εδώ.
[ipogr**a**pste eth**o**]
Sign here.

Fuel and Repairs

Where's the gas station?
Πού είναι το βενζινάδικο;
[poo **i**ne to venzin**a**thiko]

Fill it up.
Γεμίστε το. [yemiste to]

I need …
Χρειάζομαι … [khri**a**zome]

gas	leaded	unleaded	
βενζίνη	**μολυβδούχα**	**αμόλυβδη**	
[venz**i**ni]	[molivth**oo**kha]	[am**o**livthi]	

regular	super	premium	diesel
κανονική	**σούπερ**	**premium**	**ντίζελ**
[kanonik**i**]	[s**oo**per]	[prim**i**oom]	[d**i**zel]

You Might See

σελφ σέρβις	**φουλ σέρβις**
self-service	full-service

Check the …
Ελέγξτε … [elengxte]

battery
την μπαταρία
[tin bataria]

brakes
τα φρένα
[ta frena]

headlights
τους προβολείς
[toos provolis]

oil
το λάδι
[to lathi]

radiator
το ψυγείο
[to psiyio]

tail lights
τα πίσω φανάρια
[ta piso fanaria]

tires
τα λάστιχα
[ta lastikha]

transmission
το κιβώτιο ταχυτήτων
[to kivotio takhititon]

The car broke down.
Το αυτοκίνητο χάλασε.
[to aftokinito khalase]

The car won't start.
Το αυτοκίνητο δεν ξεκινάει.
[to aftokinito then xekinai]

I ran out of gas.
Έμεινα από βενζίνη.
[emina apo venzini]

I have a flat tire.
Έχω σκασμένο λάστιχο.
[**e**kho skasm**e**no l**a**stikho]

I need a …
Χρειάζομαι … [khri**a**zome]

>   jumper cable
>   **καλώδια μπαταρίας**
>   [kal**o**thia batar**i**as]

>   mechanic
>   **έναν μηχανικό**
>   [**e**nan mikhanik**o**]

>   tow truck
>   **έναν γερανό**
>   [**e**nan yeran**o**]

Can you fix the car?
Μπορείτε να φτιάξετε το αυτοκίνητο;
[bor**i**te na fti**a**xete to aftok**i**nito]

When will it be ready?
Πότε θα είναι έτοιμο;
[p**o**te THa **i**ne **e**timo]

Driving Around

Can I park here?
Μπορώ να παρκάρω εδώ;
[bor**o** na park**a**ro eth**o**]

Where's the parking lot/garage?
Πού είναι το πάρκινγκ/γκαράζ;
[poo **i**ne to p**a**rking/gar**a**z]

TRAVEL & TRANSPORTATION

How much does it cost?
Πόσο κοστίζει;
[poso kostizi]

Is parking free?
Είναι το πάρκινγκ δωρεάν;
[ine to parking thorean]

What's the speed limit?
Ποιό είναι το όριο ταχύτητας;
[pio ine to orio takhititas]

How much is the toll?
Πόσο κοστίζουν τα διόδια;
[poso kostizoon ta thiothia]

Can I turn here?
Μπορώ να στρίψω εδώ;
[boro na stripso etho]

Problems

There's been an accident.
Συνέβη ένα ατύχημα.
[sinevi ena atikhima]

Call the police/an ambulance.
Καλέστε την αστυνομία/ένα ασθενοφόρο.
[kaleste tin astinomia/ena asTHenoforo]

My car has been stolen.
Κλέψανε το αυτοκίνητο μου.
[klepsane to aftokinito moo]

My license plate number is …
Ο αριθμός της άδειας κυκλοφορίας μου είναι …
[o ariTHmos athias kikloforias moo ine]

You Might See

Σταματήστε
Stop

Μειώστε ταχύτητα
Yield

Μονής κατεύθυνσης
One way

Απαγορεύεται η είσοδος
Do not enter

Όριο ταχύτητας
Speed limit

Can I have your insurance information?
Μπορώ να έχω τα στοιχεία της ασφάλειας σας;
[boro na ekho ta stikhia tis asfalias sas]

Directions

Excuse me, please!
Με συγχωρείτε, παρακαλώ!
[me sinkhorite parakalo]

Can you help me?
Μπορείτε να με βοηθήσετε;
[borite na me voiTHisete]

Is this the way to …?
Από εδώ πάω για …;
[apo etho pao ya]

TRAVEL & TRANSPORTATION

You Might Hear

Πηγαίνετε όλο ευθεία.
[piyenete olo efTHia]
Go straight ahead.

Στρίψτε δεξιά.
[stripste thexia]
Turn right.

Στρίψτε αριστερά.
[stripste aristera]
Turn left.

απέναντι στον δρόμο
[apenandi ston thromo]
across the street

στη γωνία
[sti gonia]
around the corner

προς τα εμπρός
[pros ta embros]
forward

προς τα πίσω
[pros ta piso]
backward

μπροστά (από)
[brosta (apo)]
in front (of)

πίσω από
[piso apo]
behind

στην επόμενη διασταύρωση
[stin epomeni thiastavrosi]
at the next intersection

στο επόμενο φανάρι
[sto epomeno fanari]
at the next traffic light

δίπλα σε
[thipla se]
next to

πριν	**μετά**	**κοντά**	**μακριά**
[prin]	[meta]	[konda]	[makria]
before	after	near	far

βόρεια	**νότια**	**ανατολικά**	**δυτικά**
[voria]	[notia]	[anatolika]	[thitika]
north	south	east	west

How far is it to …?
Πόσο μακριά είναι μέχρι …;
[poso makria ine mekhri]

Is this the right road to …?
Είναι ο σωστός δρόμος για …;
[ine o sostos thromos ya]

How much longer until we get to …?
Πόση ώρα ακόμη μέχρι να φτάσουμε στο …;
[posi ora akomi mekhri na ftasoome sto]

Where's …?
Πού είναι …;
[poo ine]

this address	the highway
αυτή η διεύθυνση	**η εθνική οδός**
[afti i thiefTHinsi]	[i eTHniki othos]
the downtown area	… Street
το κέντρο	**η Οδός …**
[to kendro]	[i othos]

Where am I?
Πού βρίσκομαι;
[poo vriskome]

Can you show me on the map?
Μπορείτε να μου δείξετε στον χάρτη;
[borite na moo thixete ston kharti]

Do you have a road map?
Μήπως έχετε έναν οδικό χάρτη;
[mipos ekhete enan othiko kharti]

How do I get to …?
Πώς πηγαίνω στο …;
[pos piyeno sto]

How long does it take …?
Πόση ώρα παίρνει …;
[posi ora perni]

on foot
με τα πόδια
[me ta pothia]

by car
με το αυτοκίνητο
[me to aftokinito]

using public transportation
με μέσα μαζικής μεταφοράς
[me mesa mazikis metaforas]

I'm lost.
Έχω χαθεί.
[ekho khaTHi]

You Might Hear

Πάρε … [pare]
Take …

τη γέφυρα
[ti yefira]
the bridge

την έξοδο
[tin exotho]
the exit

την εθνική οδό
[tin eTHniki otho]
the highway

την οδό/λεωφόρο …
[tin otho/leoforo]
… Street/Avenue

τον κυκλικό κόμβο
[ton kikliko komvo]
the traffic circle

τη σήραγγα
[ti siranga]
the tunnel

ACCOMMODATIONS

Where is the nearest …?
Πού είναι το πλησιέστερο …;
[poo ine to plisiestero]

Can you recommend …?
Μπορείτε να μου προτείνετε …;
[borite na moo protinete]

a hotel
ένα ξενοδοχείο
[ena xenothokhio]

an inn
ένα πανδοχείο
[ena panthokhio]

a bed-and-breakfast
ένα δωμάτιο με πρωινό
[ena thomatio me proino]

a motel
ένα μοτέλ
[ena motel]

a guesthouse
έναν ξενώνα
[enan xenona]

a (youth) hostel
έναν ξενώνα (νεολαίας)
[enan xenona (neoleas)]

I'm looking for ... accommodations.
ψάχνω για ... καταλύματα
[ps**a**khno ya ... katal**i**mata]

inexpensive
οικονομικά
[ikonomik**a**]

luxurious
πολυτελή
[politel**i**]

traditional
παραδοσιακά
[parathosiak**a**]

clean
καθαρά
[kaTHar**a**]

conveniently located
σε βολική τοποθεσία
[se volik**i** topoTHes**i**a]

Is there English-speaking staff?
Υπάρχει αγγλόφωνο προσωπικό;
[ip**a**rkhi angl**o**fono prosopik**o**]

Booking a Room and Checking In

Do you have any rooms available?
Έχετε ελεύθερα δωμάτια;
[**e**khete el**e**fTHera thom**a**tia]

vacancy
ελεύθερο δωμάτιο
[el**e**fTHero thom**a**tio]

no vacancy
δεν υπάρχουν ελεύθερα δωμάτια
[then ip**a**rkhoon el**e**fTHera thom**a**tia]

I'd like a room for tonight.
Θα ήθελα ένα δωμάτιο για απόψε.
[THa **i**THela **e**na thom**a**tio ya ap**o**pse]

Can I make a reservation?
Μπορώ να κάνω μία κράτηση;
[boro na kano mia kratisi]

I'd like to reserve a room …
Θα ήθελα να κλείσω ένα δωμάτιο …
[THa iTHela na kliso ena thomatio]

for XX nights
για ΧΧ διανυκτερεύσεις
[ya XX thianikterefsis]

for one person
για ένα άτομο
[ya ena atomo]

for two people
για δύο άτομα
[ya thio atoma]

with a queen-size bed
με διπλό κρεβάτι
[me thiplo krevati]

with two beds
δίκλινο
[thiklino]

How much is it?
Πόσο κοστίζει;
[poso kostizi]

How much is it per night/person?
Πόσο κοστίζει ανά διανυκτέρευση/άτομο;
[poso kostizi ana thianikterefsi/atomo]

Can I pay by credit card?
Μπορώ να πληρώσω με πιστωτική κάρτα;
[boro na pliroso me pistotiki karta]

Is breakfast included?
Περιλαμβάνεται το πρωινό;
[perilamvanete to proino]

ACCOMMODATIONS

My credit card number is …
Ο αριθμός της πιστωτικής κάρτας μου είναι …
[o ariTHmos tis pistotikis kartas moo ine]

Do you have …?
Έχετε …; [ekhete]

private bathrooms
μπάνιο στο δωμάτιο
[banio sto thomatio]

cots
κρεβάτια εκστρατείας
[krevatia ekstratias]

a crib
βρεφική κούνια
[vrefiki koonia]

linens
**σεντόνια και
μαξιλαροθήκες**
[sendonia ke
maxilaroTHikes]

towels
πετσέτες
[petsetes]

a restaurant
εστιατόριο
[estiatorio]

a kitchen
κουζίνα
[koozina]

a microwave
φούρνο μικροκυμάτων
[foorno mikrokimaton]

room service
υπηρεσία δωματίου
[ipiresia thomatioo]

non-smoking rooms
**δωμάτια μη καπνιζόν-
των**
[thomatia mi kapnizon-
don]

an elevator
ασανσέρ
[asanser]

laundry service
υπηρεσία πλυντηρίου
[ipiresia plindirioo]

a safe
χρηματοκιβώτιο
[khrimatokivotio]

phones
τηλέφωνα
[tilefona]

hot water
ζεστό νερό
[zesto nero]

air conditioning
κλιματισμό
[klimatismo]

wireless Internet
ασύρματο ίντερνετ
[asirmato indernet]

a gym
γυμναστήριο
[yimnastirio]

a business center
επιχειρηματικό κέντρο
[epikhirimatiko kendro]

a pool
πισίνα
[pisina]

television
τηλεόραση
[tileorasi]

Is there a curfew?
Υπάρχει απαγόρευση κυκλοφορίας;
[iparkhi apagorefsi kikloforias]

When is check-in?
Πότε είναι το τσεκ ιν;
[pote ine to check-in]

May I see the room?
Μπορώ να δω το δωμάτιο;
[boro na tho to thomatio]

How can somebody call my room?
Πώς μπορεί κάποιος να καλέσει το δωμάτιο μου;
[pos bori kapios na kalesi to thomatio moo]

Do you have anything …?
Έχετε κάτι …;
[ekhete kati]

bigger
μεγαλύτερο
[megalitero]

cleaner
πιο καθαρό
[pio kaTHaro]

ACCOMMODATIONS

quieter
πιο ήσυχο
[pio isikho]

less expensive
λιγότερο ακριβό
[ligotero akrivo]

Does that include sales tax (VAT)?
Περιλαμβάνεται ο φόρος επί των πωλήσεων (ΦΠΑ);
[perilamvanete o foros epi ton poliseon (FIPIA)]

I'll take it.
Θα το πάρω.
[THa to paro]

I don't have a reservation.
Δεν έχω κάνει κράτηση.
[then ekho kani kratisi]

I have a reservation under …
Έχω κάνει κράτηση στο όνομα …
[ekho kani kratisi sto onoma]

Is the room ready?
Είναι έτοιμο το δωμάτιο;
[ine etimo to thomatio]

When will the room be ready?
Πότε θα είναι έτοιμο το δωμάτιο;
[pote THa ine etimo to thomatio]

room number
αριθμός δωματίου
[ariTHmos thomatioo]

floor
όροφος
[orofos]

room key
κλειδί δωματίου
[klithi thomatioo]

At the Hotel

Where is the ...?
Πού είναι ...; [poo **i**ne]

bar
το μπαρ
[to bar]

bathroom
το μπάνιο
[to b**a**nio]

convenience store
το παντοπωλείο
[to pandopoli**o**]

dining room
η τραπεζαρία
[i trapezar**i**a]

drugstore
το φαρμακείο
[to farmak**i**o]

information desk
το γραφείο πληροφοριών
[to graf**i**o pliroforí**o**n]

elevator
το ασανσέρ
[to asans**e**r]

lobby
το λόμπι
[to l**o**mbi]

pool
η πισίνα
[i pis**i**na]

restaurant
το εστιατόριο
[to estiat**o**rio]

shower
το ντους
[to doos]

Can I have ...?
Μπορώ να έχω ...;
[bor**o** na **e**kho]

a blanket
μία κουβέρτα
[m**i**a koov**e**rta]

a pillow
ένα μαξιλάρι
[**e**na maxil**a**ri]

another room key
άλλο ένα κλειδί δωματίου
[**a**lo **e**na klith**i** thomat**i**oo]

a plug for the bath
μία τάπα για την μπανιέρα
[mia tapa ya tin baniera]

soap	towels
σαπούνι	**πετσέτες**
[sapooni]	[petsetes]
clean sheets	toilet paper
καθαρά σεντόνια	**χαρτί τουαλέτας**
[kaTHara sendonia]	[kharti tooaletas]

a wake-up call at …
μία κλήση αφύπνισης στις …
[mia klisi afipnisis stis]

I would like to place these items in the safe.
Θα ήθελα να τοποθετήσω αυτά τα αντικείμενα στο χρηματοκιβώτιο.
[THa iTHela na topoTHetiso afta ta andikimena sto khrimatokivotio]

I would like to retrieve my items from the safe.
Θα ήθελα να πάρω τα αντικείμενα μου από το χρηματοκιβώτιο.
[THa iTHela na paro ta andikimena moo apo to khrimatokivotio]

Can I stay an extra night?
Μπορώ να μείνω μία επιπλέον βραδιά;
[boro na mino mia epipleon vrathia]

Problems

There's a problem with the room.
Υπάρχει πρόβλημα με το δωμάτιο.
[iparkhi provlima me to thomatio]

The … doesn't work.
… δεν λειτουργεί.
[then litooryi]

air conditioning **ο κλιματισμός** [o klimatismos]	shower **το ντους** [to doos]
door lock **η κλειδαριά** [i klitharia]	sink **ο νεροχύτης** [o nerokhitis]
hot water **το ζεστό νερό** [to zesto nero]	toilet **η τουαλέτα** [i tooaleta]

The lights won't turn on.
Τα φώτα δεν ανάβουν.
[ta fota then anavoon]

The … aren't clean.
… δεν είναι καθαρά (*n*) / **καθαρές** (*f*).
[then ine kaTHara / kaTHares]

pillows **τα μαξιλάρια** (*n*) [ta maxilaria]	sheets **τα σεντόνια** (*n*) [ta sendonia]
towels **οι πετσέτες** (*f*) [i petsetes]	

ACCOMMODATIONS

The room has bugs/mice.
Το δωμάτιο έχει κοριούς/ποντίκια.
[to thomatio ekhi korioos/pondikia]

The room is too noisy.
Το δωμάτιο έχει πολύ θόρυβο.
[to thomatio ekhi poli THorivo]

I've lost my key.
Έχασα το κλειδί μου.
[ekhasa to klithi moo]

I've locked myself out.
Κλειδώθηκα απ' έξω.
[klithoTHika apexo]

Checking Out

When is check-out?
Πότε είναι το check-out;
[pote ine to check-out]

When is the earliest/latest I can check out?
**Πότε είναι το νωρίτερο/αργότερο που μπορώ
να κάνω check-out;**
[pote ine to noritero/argotero poo boro na kano
check-out]

I would like to check out.
Θα ήθελα να κάνω check-out.
[THa iTHela na kano check-out]

I would like a receipt / an itemized bill.
Θα ήθελα απόδειξη / αναλυτικό λογαριασμό.
[THa iTHela apothixi / analitiko logariasmo]

There's a mistake on this bill.
Υπάρχει λάθος στο λογαριασμό.
[iparkhi laTHos sto logariasmo]

Please take this off the bill.
Παρακαλώ αφαιρέστε το από το λογαριασμό.
[parakalo afereste to apo to logariasmo]

The total is incorrect.
Το σύνολο είναι εσφαλμένο.
[to sinolo ine esfalmeno]

I would like to pay …
Θα ήθελα να πληρώσω …
[THa iTHela na pliroso]

by credit card
με πιστωτική κάρτα
[me pistotiki karta]

in cash
με μετρητά
[me metrita]

by (traveler's) check
με (ταξιδιωτική) επιταγή
[me taxithiotiki epitayi]

Can I leave my bags here until …?
Μπορώ να αφήσω τα πράγματα μου εδώ μέχρι …;
[boro na afiso ta pragmata moo etho mekhri]

Renting

I'd like to rent …
Θα ήθελα να νοικιάσω …
[THa iTHela na nikiaso …]

an apartment
ένα διαμέρισμα
[ena thiamerisma]

a room
ένα δωμάτιο
[ena thomatio]

a house
ένα σπίτι
[ena spiti]

ACCOMMODATIONS

How much is it per week?
Πόσο κοστίζει την εβδομάδα;
[poso kostizi tin evthomatha]

I intend to stay for XX months.
Σκοπεύω να μείνω για XX μήνες.
[skopevo na mino ya XX mines]

Is it furnished?
Είναι επιπλωμένο;
[ine epiplomeno]

Does it have …?
Έχει …; [ekhi]

a kitchen
κουζίνα
[koozina]

a room
δωμάτιο
[thomatio]

dishes
πιάτα
[piata]

a dryer
στεγνωτήριο
[stegnotirio]

cooking utensils
μαγειρικά σκεύη
[mayirika skevi]

linens
σεντόνια
[sendonia]

a washing machine
πλυντήριο ρούχων
[plindirio rookhon]

towels
πετσέτες
[petsetes]

Do you require a deposit?
Θέλετε προκαταβολή;
[THelete prokatavoli]

When is the rent due?
Πότε πρέπει να πληρώνω το ενοίκιο;
[p**o**te pr**e**pi na plir**o**no to en**i**kio]

Who is the superintendent?
Ποιος είναι ο προϊστάμενος;
[pios **i**ne o proist**a**menos]

Who should I contact for repairs?
Πού πρέπει να απευθυνθώ για επισκευές;
[poo pr**e**pi na apefTHinTH**o** ya episkev**e**s]

Camping and the Outdoors

campsite
χώρος κατασκήνωσης
[kh**o**ros kataski**n**osis]

Can I camp here?
Μπορώ να κατασκηνώσω εδώ;
[bor**o** na kataskin**o**so eth**o**]

Where should I park?
Πού πρέπει να παρκάρω;
[poo pr**e**pi na park**a**ro]

Do you have … for rent?
Έχετε … προς ενοικίαση;
[**e**khete … pros enik**i**asi]

tents
σκηνές
[skin**e**s]

sleeping bags
υπνόσακους
[ipn**o**sakoos]

cooking equipment
μαγειρικά σκεύη
[mayirik**a** sk**e**vi]

ACCOMMODATIONS

Do you have …?
Έχετε …; [ekhete]

a shower block	laundry facilities
καμπίνες ντους	**πλυντήριο**
[kambines doos]	[plindirio]

electricity
ηλεκτρικό ρεύμα
[ilektriko revma]

How much is it per …?
Πόσο κοστίζει ανά …;
[poso kostizi ana]

lot	person	night
θέση	**άτομο**	**διανυκτέρευση**
[THesi]	[atomo]	[thianikterefsi]

Are there … that I should be careful of?
Υπάρχουν … που πρέπει να προσέχω;
[iparkhoon … poo prepi na prosekho]

animals	plants	insects
ζώα	**φυτά**	**έντομα**
[zoa]	[fita]	[endoma]

DINING OUT

Meals

breakfast	dinner
πρωινό	**δείπνο**
[proino]	[thipno]
lunch	a snack
μεσημεριανό	**ένα σνακ**
[mesimeriano]	[ena snak]
brunch	dessert
πρόγευμα	**επιδόρπιο**
[proyevma]	[epithorpio]

Finding a Place to Eat

Can you recommend ...?
Μπορείτε να μου προτείνετε ...;
[borite na moo protinete]

a good restaurant
ένα καλό εστιατόριο
[ena kalo estiatorio]

a restaurant with local dishes
ένα εστιατόριο με ντόπια πιάτα
[ena estiatorio me dopia piata]

an inexpensive restaurant
ένα οικονομικό εστιατόριο
[ena ikonomiko estiatorio]

a popular bar
ένα γνωστό μπαρ
[ena gnosto bar]

I'm hungry/thirsty.
Πεινάω/διψάω.
[pin**a**o/thips**a**o]

Types of Restaurants

restaurant
εστιατόριο
[estiat**o**rio]

fast food
φαστ φουντ
[fast food]

bistro
μπιστρό
[bistr**o**]

steakhouse
ψησταριά
[psistari**a**]

buffet
μπουφές
[boof**e**s]

vegetarian restaurant
χορτοφαγικό εστιατόριο
[khortofayik**o** estiat**o**rio]

vegan restaurant
για χορτοφάγους βίγκαν
[ya khortof**a**goos vingan]

café
καφετέρια
[kafet**e**ria]

teahouse
τεϊοποτείο
[teiopot**i**o]

pizzeria
πιτσαρία
[pitsar**i**a]

halal restaurant
εστιατόριο χαλάλ
[estiat**o**rio khal**a**l]

kosher restaurant
εστιατόριο κόσερ
[estiat**o**rio k**o**ser]

bar
μπαρ
[bar]

snack bar
σνακ μπαρ
[snak bar]

Reservations and Getting a Table

I have a reservation for …
Έχω κάνει κράτηση για …
[**e**kho k**a**ni kr**a**tisi ya]

The reservation is under …
Η κράτηση είναι στο όνομα …
[i kr**a**tisi **i**ne sto **o**noma]

I'd like to reserve a table for …
Θα ήθελα να κλείσω ένα τραπέζι για …
[THa **i**THela na kl**i**so trap**e**zi ya]

Can we sit …?
Μπορούμε να καθίσουμε …;
[bor**oo**me na kaTH**i**soome]

over here	over there	outside
εδώ	**εκεί**	**έξω**
[eth**o**]	[ek**i**]	[**e**xo]

by a window
δίπλα σε παράθυρο
[th**i**pla se par**a**THiro]

in a non-smoking area
σε χώρο μη καπνιζόντων
[se kh**o**ro mi kapniz**o**ndon]

How long is the wait?
Πόση ώρα πρέπει να περιμένουμε;
[p**o**si **o**ra pr**e**pi na perim**e**noome]

It's for here. / It's to go.
Είναι για εδώ. / Είναι για έξω.
[**i**ne ya eth**o** / **i**ne ya **e**xo]

DINING OUT

Ordering

Waiter!	Waitress!	Excuse me!
Γκαρσόν!	**Δεσποινίς!**	**Παρακαλώ!**
[garson]	[thespinis]	[parakalo]

I'd like to order.
Θα ήθελα να παραγγείλω.
[THa iTHela na parangilo]

Can I have … please?
Μπορώ να έχω … παρακαλώ;
[boro na ekho … parakalo]

a menu	a children's menu
ένα μενού	**ένα παιδικό μενού**
[ena menoo]	[ena pethiko menoo]

a wine list
έναν κατάλογο κρασιών
[enan katalogo krasion]

a drink menu
έναν κατάλογο ποτών
[enan katalogo poton]

Do you have a menu in English?
Έχετε ένα μενού στα Αγγλικά;
[ekhete ena menoo sta anglika]

Do you have a set/fixed price menu?
Έχετε φιξ μενού;
[ekhete fix menoo]

What are the specials?
Ποιες είναι οι σπεσιαλιτέ;
[pies ine i spesialite]

Do you have …?
Έχετε …; [**e**khete]

Can you recommend some local dishes?
Μπορείτε να μου προτείνετε μερικά ντόπια πιάτα;
[borite na moo prot**i**nete merik**a** d**o**pia pi**a**ta]

What do you recommend?
Τι προτείνετε;
[ti prot**i**nete]

I'll have …
Θα έχω …
[THa **e**kho]

Can I have …?
Μπορώ να έχω …;
[bor**o** na **e**kho]

a glass of …
ένα ποτήρι …
[**e**na pot**i**ri]

a bottle of …
ένα μπουκάλι …
[**e**na book**a**li]

a pitcher of …
μία κανάτα …
[m**i**a kan**a**ta]

What's this?
Τι είναι αυτό;
[ti **i**ne aft**o**]

What's in this?
Τι έχει μέσα αυτό;
[ti **e**khi m**e**sa aft**o**]

Is it …?
Είναι …; [**i**ne]

spicy	bitter	sweet
πικάντικο	**πικρό**	**γλυκό**
[pik**a**ndiko]	[pikr**o**]	[glik**o**]
hot	cold	
ζεστό	**κρύο**	
[zest**o**]	[kri**o**]	

Do you have any vegetarian dishes?
Έχετε πιάτα για χορτοφάγους;
[**e**khete pi**a**ta ya khortof**a**goos]

I'd like it with/without …
Θα το ήθελα με/χωρίς …
[THa to **i**THela me/khor**i**s]

Are there any drink specials?
Υπάρχουν προσφορές στα ποτά;
[ip**a**rkhoon prosfor**e**s sta pot**a**]

Can I see the drink menu / wine list?
Μπορώ να δω τον κατάλογο ποτών / κρασιών;
[bor**o** na tho ton kat**a**logo pot**o**n / krasi**o**n]

I'd like a bottle of …
Θα ήθελα ένα μπουκάλι …
[THa **i**THela ena book**a**li]

red wine	dessert wine
κόκκινο κρασί	**κρασί για επιδόρπιο**
[k**o**kino kras**i**]	[kras**i** ya epith**o**rpio]
white wine	dry wine
λευκό κρασί	**ξηρό κρασί**
[lefk**o** kras**i**]	[xir**o** kras**i**]
rosé wine	champagne
ροζέ κρασί	**σαμπάνια**
[roz**e** kras**i**]	[samb**a**nia]
the house wine	
βαρελίσιο κρασί	
[varel**i**sio kras**i**]	

A light/dark beer, please.
Μία ξανθιά/μαύρη μπύρα, παρακαλώ.
[m**i**a xanTHi**a**/m**a**vri bira, parakal**o**]

Special Dietary Needs

Is this dish free of animal product?
Είναι αυτό το πιάτο χωρίς ζωικά προϊόντα;
[**i**ne aft**o** to pi**a**to khor**i**s zoik**a** proi**o**nda]

I'm allergic to …
Είμαι αλλεργικός στο …
[**i**me aleryik**o**s sto]

I can't eat …
Δεν μπορώ να φάω …
[then bor**o** na f**a**o]

dairy
γαλακτομικά
[galaktomik**a**]

egg
αυγό
[avg**o**]

gelatin
ζελατίνη
[zelat**i**ni]

gluten
γλουτένη
[gloot**e**ni]

meat
κρέας
[kr**e**as]

nuts
ξηρούς καρπούς
[xir**oo**s karp**oo**s]

peanuts
φιστίκια
[fist**i**kia]

seafood
θαλασσινά
[THalasin**a**]

spicy foods
πικάντικα φαγητά
[pik**a**ndika fayit**a**]

wheat
σιτάρι
[sit**a**ri]

MSG
όξινο γλουταμινικό νάτριο
[**o**xino glootaminik**o** n**a**trio]

You Might Hear

Καλή όρεξη!
[kali **o**rexi]
Enjoy your meal!

I'm diabetic.
Είμαι διαβητικός.
[ime thiavitik**o**s]

Do you have any sugar-free products?
Έχετε προϊόντα χωρίς ζάχαρη;
[**e**khete proi**o**nda khor**i**s **za**khari]

Do you have any artificial sweeteners?
Έχετε τεχνητές γλυκαντικές ουσίες;
[**e**khete tekhnit**e**s glikandik**e**s oos**i**es]

I'm vegan/vegetarian.
Είμαι βίγκαν/χορτοφάγος.
[**i**me v**i**ngan/khortof**a**gos]

I'm on a special diet.
Ακολουθώ ειδική δίαιτα.
[akolooTH**o** ithik**i** th**i**eta]

Complaints at a Restaurant

This isn't what I ordered.
Δεν παρήγγειλα αυτό.
[then par**i**ngila aft**o**]

> I ordered …
> **Παρήγγειλα …**
> [par**i**ngila]

This is …
Αυτό είναι … [aft**o** in**e**]

cold	not fresh
κρύο	**μπαγιάτικο**
[kri**o**]	[bay**a**tiko]
undercooked	spoiled
μη μαγειρεμένο	**χαλασμένο**
[mi mayirem**e**no]	[khalasm**e**no]
overcooked	too spicy
υπερβολικά μαγειρεμένο	**πολύ πικάντικο**
[ipervolik**a** mayirem**e**no]	[pol**i** pik**a**ndiko]
not vegetarian	too tough
για μη χορτοφάγους	**πολύ σκληρό**
[ya mi khortof**a**goos]	[pol**i** sklir**o**]

Can you take it back, please?
Μπορείτε να το πάρετε πίσω, παρακαλώ;
[bor**i**te na to p**a**rete p**i**so parakal**o**]

I cannot eat this.
Δεν μπορώ να το φάω.
[then bor**o** na to f**a**o]

We're leaving.
Φεύγουμε.
[f**e**vgoome]

How much longer until we get our food?
**Πόση ώρα ακόμη μέχρι να έρθει το φαγητό
    μας;**
[p**o**si **o**ra ak**o**mi m**e**khri na **e**rTHi to fayit**o** mas]

We cannot wait any longer.
Δεν μπορούμε να περιμένουμε άλλο.
[them bor**oo**me na perim**e**noome **a**lo]

Payment at a Restaurant

Check, please!
Το λογαριασμό, παρακαλώ!
[to logariasm**o**, parakal**o**]

We'd like to pay separately.
Θα θέλαμε να πληρώσουμε ξεχωριστά.
[THa TH**e**lame na plir**o**soome xekhorist**a**]

Can we have separate checks?
Μπορούμε να έχουμε ξεχωριστούς λογαριασμούς;
[bor**oo**me na **e**khoome xekhorist**oo**s logariasm**oo**s]

We're paying together.
Πληρώνουμε μαζί.
[plir**o**noome maz**i**]

Is service included?
Περιλαμβάνεται το σέρβις;
[perilamv**a**nete to s**e**rvis]

What is this charge for?
Για τι είναι αυτή η χρέωση;
[ya ti **i**ne aft**i** i khr**e**osi]

There is a mistake in this bill.
Υπάρχει κάποιο λάθος στο λογαριασμό.
[ip**a**rkhi k**a**pio l**a**THos sto logariasm**o**]

I didn't order that. I ordered …
Δεν παρήγγειλα αυτό. Παρήγγειλα …
[then par**i**ngila aft**o** par**i**ngila]

Can I have a receipt/itemized bill, please?
**Μπορώ να έχω απόδειξη/αναλυτικό
λογαριασμό, παρακαλώ;**
[bor**o** na **e**kho ap**o**thixi/analitik**o** logariasm**o**
parakal**o**]

It was delicious!
Ήταν νοστιμότατο!
[itan nostim**o**tato]

FOOD & DRINK

Cooking Methods

baked **ψητό στο φούρνο** [psit**o** sto f**oo**rno]
boiled **βρασμένο** [vrasm**e**no]
braised **σιγοβρασμένο** [sigovrasm**e**no]
breaded **πανέ** [pan**e**]
creamed **με κρέμα** [me kr**e**ma]
diced **σε κύβους** [se k**i**voos]
filleted **σε φιλέτο** [se fil**e**to]
grilled **ψητό στη σχάρα** [psit**o** sti skh**a**ra]
microwaved **στο φούρνο μικροκυμάτων**
  [sto f**oo**rno mikrokim**a**ton]
mixed **ανάμεικτο** [an**a**mikto]
poached **ποσέ** [pos**e**]
re-heated **ξαναζεσταμένο** [xanazestam**e**no]
roasted **ψητό** [psit**o**]
sautéed **σοταρισμένο** [sotarism**e**no]
smoked **καπνιστό** [kapnist**o**]
steamed **στον ατμό** [ston atm**o**]
stewed **στην κατσαρόλα** [stin katsar**o**la]
stir-fried **στιρ φράι** [stir fr**a**i]
stuffed **γεμιστό** [yemist**o**]
toasted **φρυγανισμένο** [friganism**e**no]

rare **ελάχιστα ψημένο** [el**a**khista psim**e**no]
medium rare **μισοψημένο** [misopsim**e**no]
well-done **καλοψημένο** [kalopsim**e**no]

on the side **συνοδευτικό** [sinotheftik**o**]

Tastes

bitter **πικρό** [pik**ro**]
bland **άνοστο** [**a**nosto]
sour **ξινό** [xin**o**]
spicy **πικάντικο** [pik**a**ndiko]
sweet **γλυκό** [glik**o**]

Breakfast Foods

bacon **μπέικον** [b**e**ikon]
bread **ψωμί** [psom**i**]
butter **βούτυρο** [v**oo**tiro]
cereal **δημητριακά** [thimitriak**a**]
cheese **τυρί** [tir**i**]
eggs **αυγά** [avg**a**]
granola/muesli **γκρανόλα/μούσλι** [gran**o**la/m**oo**sli]
honey **μέλι** [m**e**li]
jam/jelly **μαρμελάδα** [marmel**a**tha]
omelet **ομελέτα** [omel**e**ta]
sausage **λουκάνικο** [look**a**niko]
yogurt **γιαούρτι** [ya**oo**rti]

Vegetables

asparagus **σπαράγγι** [spar**a**ngi]
avocado **αβοκάντο** [avok**a**ndo]
beans **φασόλια** [fas**o**lia]
broccoli **μπρόκολο** [br**o**kolo]
cabbage **λάχανο** [l**a**khano]
carrot **καρότο** [kar**o**to]
cauliflower **κουνουπίδι** [koonoop**i**thi]
celery **σέλινο** [s**e**lino]

chickpeas **ρεβίθια** [reviTHia]

corn **καλαμπόκι** [kalamboki]

cucumber **αγγούρι** [angoori]

eggplant **μελιτζάνα** [melitzana]

garlic **σκόρδο** [skortho]

lentils **φακές** [fakes]

lettuce **μαρούλι** [marooli]

mushroom **μανιτάρι** [manitari]

okra **μπάμια** [bamia]

olives **ελιές** [elies]

onion **κρεμμύδι** [kremithi]

peas **μπιζέλια** [bizelia]

pepper **πιπεριά** [piperia]

potato **πατάτα** [patata]

radish **ραπάνι** [rapani]

spinach **σπανάκι** [spanaki]

sweet potato **γλυκοπατάτα** [glikopatata]

tomato **ντομάτα** [domata]

Fruits and Nuts

apricot **βερίκοκο** [verikoko]

apple **μήλο** [milo]

banana **μπανάνα** [banana]

blueberry **μύρτιλο** [mirtilo]

cashew **κάσιους** [kasioos]

cherry **κεράσι** [kerasi]

Clementine **κλεμεντίνι** [klemendini]

coconut **καρύδα** [karitha]

date **χουρμάς** [khoormas]

fig **σύκο** [siko]

grape **σταφύλι** [stafili]

grapefruit **γκρέιπφρουτ** [greipfroot]

lemon **λεμόνι** [lemoni]

lime **μοσχολέμονο** [moskholemono]

mandarin **μανταρίνι** [mandarini]

melon **πεπόνι** [peponi]

orange **πορτοκάλι** [portokali]

peach **ροδάκινο** [rothakino]

peanut **αράπικο φιστίκι** [arapiko fistiki]

pear **αχλάδι** [akhlathi]

pineapple **ανανάς** [ananas]

plum **δαμάσκηνο** [thamaskino]

pomegranate **ρόδι** [rothi]

raspberry **φραμπουάζ** [frambooaz]

strawberry **φράουλα** [fraoola]

tangerine **μανταρίνι** [mandarini]

walnut **καρύδι** [karithi]

watermelon **καρπούζι** [karpoozi]

Meats

beef **βοδινό** [vothino]

burger **μπιφτέκι** [bifteki]

chicken **κοτόπουλο** [kotopoolo]

duck **πάπια** [papia]

goat **κατσικάκι** [katsikaki]

ham **ζαμπόν** [zambon]

lamb **αρνάκι** [arnaki]

pork **χοιρινό** [khirino]

rabbit **κουνέλι** [kooneli]

steak **μπριζόλα** [brizola]

turkey **γαλοπούλα** [galopoola]

veal **μοσχαρίσιο** [moskharisio]

Seafood

calamari **καλαμάρι** [kalamari]
crab **καβούρι** [kavoori]
fish **ψάρι** [psari]
lobster **αστακός** [astakos]
octopus **χταπόδι** [khtapothi]
salmon **σολομός** [solomos]
shrimp **γαρίδα** [garitha]

Desserts

cake **πάστα** [pasta]
cookie **μπισκότο** [biskoto]
ice cream **παγωτό** [pagoto]

Drinks

Non-alcoholic drinks

coffee (black) **καφές (σκέτος)** [kafes (sketos)]
coffee with milk **καφές με γάλα** [kafes me gala]
hot chocolate **ζεστή σοκολάτα** [zesti sokolata]
juice **χυμός** [khimos]
  apple juice **χυμός μήλο** [milo]
  orange juice **χυμός πορτοκάλι** [portokali]
lemonade **λεμονάδα** [lemonatha]
milk **γάλα** [gala]
mineral water **μεταλλικό νερό** [metaliko nero]
sparkling water **ανθρακούχο νερό**
  [anTHrakookho nero]
soft drink **αναψυκτικό** [anapsiktiko]
soymilk **γάλα σόγιας** [gala soyas]
tea **τσάι** [tsai]

Alcoholic drinks

... beer **... μπύρα** [bira]
  bottled **εμφιαλωμένη** [emfialomeni]
  canned **κουτάκι** [kootaki]
  draft **βαρελίσια** [varelisia]
brandy **μπράντι** [brandi]
champagne **σαμπάνια** [sambania]
cocktail **κοκτέιλ** [kokteil]
gin **τζιν** [tzin]
liqueur **λικέρ** [liker]
margarita **μαργαρίτα** [margarita]
martini **μαρτίνι** [martini]
ouzo **ούζο** [oozo]
rum **ρούμι** [roomi]
scotch **σκωτσέζικο ουίσκι** [skotseziko ooiski]
tequila **τεκίλα** [tekila]
vermouth **βερμούτ** [vermoot]
vodka **βότκα** [votka]
whisky **ουίσκι** [ooiski]
wine **κρασί** [krasi]
  champagne **σαμπάνια** [sambania]
  dessert wine **κρασί για επιδόρπιο**
    [krasi ya epithorpio]
  dry wine **ξηρό κρασί** [xiro krasi]
  red wine **κόκκινο κρασί** [kokino krasi]
  rosé wine **ροζέ κρασί** [roze krasi]
  white wine **λευκό κρασί** [lefko krasi]

Greek Menu Terms

αβγολέμονο [avgolemono]
avgolemono (*an egg-lemon soup*)

μπουρέκια [boorekia]
bourekia (*phyllo puffs with various fillings*)

ντολμάδες [dolmathes]
dolmades (*stuffed grape leaves*)

γεμιστά [yemista]
gemista (*stuffed vegetables, such as tomatoes, peppers, etc., baked with a rice and herb filling*)

κεφτέδες [keftethes]
keftedes (*meatballs*)

κλέφτικο [kleftiko]
kleftiko (*meat, potatoes, and vegetables baked in parchment*)

κοκορέτσι [kokoretsi]
kokoretsi (*seasoned lamb innards*)

λουκουμάδες [lookoomathes]
loukoumades (*donuts in syrup*)

μαγειρίτσα [mayiritsa]
magiritsa (*a traditional Easter soup made with lamb offal and thickened with avgolemono*)

μελιτζανοσαλάτα [melitzanosalata]
melitzanosalata (*eggplant dip*)

μεζέδες [mezethes]
mezedes (*small savory appetizers*)

μουσακάς [moosakas]
moussaka (*eggplant and meat casserole*)

παϊδάκια [paithakia]
paidakia (*grilled lamb chops with lemon, oregano, salt and pepper*)

παστίτσιο [pastitsio]
pastitsio (*macaroni and meat casserole*)

σκορδαλιά [skorthalia]
skordalia (*garlic dip*)

σουβλάκι [soovlaki]
souvlaki (*skewered grilled meat*)

σουτζουκάκια [sootzookakia]
souzoukakia (*beef patties*)

σπανακόπιτα [spanakopita]
spanakopita (*spinach-filled pastries*)

ταχίνι [takhini]
tahini (*sesame paste*)

ταραμοσαλάτα [taramosalata]
taramosalata (*fish roe spread*)

τυροκαφτερή [tirokafteri]
tirokafteri (*a spread or dip made with feta cheese, roasted red peppers, and garlic*)

τραχανάς [trakhanas]
trahanas (*a mixture of fermented grain and yogurt*)

τζατζίκι [tzatziki]
tzatziki (*cucumber-yogurt dip*)

γιουβέτσι [yoovetsi]
youvetsi (*lamb casserole*)

Dietary Terms

decaffeinated
ντεκαφεϊνέ
[dekafeine]

free-range
ελεύθερης βοσκής
[elefTHeris voskis]

genetically modified
γενετικά τροποποιημένος
[yenetika tropopiimenos]

gluten-free
χωρίς γλουτένη
[khoris glooteni]

kosher
κόσερ
[koser]

low fat
με χαμηλά λιπαρά
[me khamila lipara]

low in cholesterol
χαμηλή περιεκτικότητα σε χολεστερόλη
[khamili periektikotita se kholesteroli]

low in sugar
χαμηλή περιεκτικότητα σε ζάχαρη
[khamili periektikotita se zakhari]

organic
βιολογικός
[violoyikos]

salt-free
χωρίς αλάτι
[khor**i**s al**a**ti]

vegan
βίγκαν
[v**i**ngan]

vegetarian
χορτοφάγος
[khortof**a**gos]

Grocery Shopping

Where is the nearest market/supermarket?
Πού είναι η πλησιέστερη αγορά/το πλησιέστερο σουπερμάρκετ;
[poo **i**ne i plisi**e**steri agor**a**/to plisi**e**stero soopermarket]

Where are the baskets/carts?
Πού είναι τα καλάθια/καροτσάκια;
[poo **i**ne ta kal**a**THia/karots**a**kia]

I'd like some of this/that.
Θα ήθελα λίγο από αυτό/εκείνο.
[THa **i**THela l**i**go ap**o** aft**o**/ek**i**no]

Can I have …?
Μπορώ να έχω …;
[bor**o** na **e**kho]

a (half) kilo of …
Ένα (Μισό) κιλό …
[**e**na (mis**o**) kil**o**]

a liter of …
Ένα λίτρο …
[**e**na l**i**tro]

a piece of …
Ένα κομμάτι …
[**e**na kom**a**ti]

a little more/less.
Λίγο περισσότερο/λιγότερο.
[l**i**go peris**o**tero/lig**o**tero]

Where can I find ...?
Πού μπορώ να βρω ...;
[poo bor**o** na vro]

cleaning products
καθαριστικά προϊόντα
[kaTHaristik**a** proi**o**nda]

dairy products
γαλακτοκομικά προϊόντα
[galaktokomik**a** proi**o**nda]

the deli section
το τμήμα αλλαντικών και τυροκομικών
[to tm**i**ma alandik**o**n ke tirokomik**o**n]

fresh produce
λαχανικά και φρούτα
[lakhanik**a** ke fr**oo**ta]

fresh fish
φρέσκο ψάρι
[fr**e**sko ps**a**ri]

frozen foods
κατεψυγμένα προϊόντα
[katepsigm**e**na proi**o**nda]

household goods
οικιακά είδη
[ikiak**a** **i**thi]

meats
κρέατα
[kr**e**ata]

poultry
πουλερικά
[poolerik**a**]

I need to go to …
Πρέπει να πάω … [prepi na pao]

the bakery
στο φούρνο
[sto foorno]

the produce market
στη λαϊκή
[sti laiki]

the butcher shop
στο κρεοπωλείο
[sto kreopolio]

the fish market
στην ψαραγορά
[stin psaragora]

the convenience store
στο παντοπωλείο
[sto pandopolio]

the supermarket
στο σουπερμάρκετ
[sto soopermarket]

gram(s)
γραμμάριο(α)
[gramario gramaria]

kilo(s)
κιλό(ά)
[kilo kila]

a piece of …
ένα κομμάτι …
[ena komati]

two pieces of …
δύο κομμάτια …
[thio komatia]

Can I have a little/lot of … please?
Μπορώ να έχω λίγο/πολύ … παρακαλώ;
[boro na ekho ligo/poli parakalo]

That's enough, thanks.
Αυτό φτάνει, ευχαριστώ.
[afto ftani, efkharisto]

a bottle
ένα μπουκάλι
[ena bookali]

a jar
ένα βαζάκι
[ena vazaki]

a packet
ένα πακέτο
[ena paketo]

a box
ένα κουτί
[ena kooti]

Paying for Groceries

Where is the checkout?
Πού είναι το ταμείο;
[poo ine to tamio]

Do I pay here?
Πληρώνω εδώ;
[plirono etho]

Do you accept credit cards?
Δέχεστε πιστωτικές κάρτες;
[thekheste pistotikes kartes]

I'll pay in cash/by credit card.
Θα πληρώσω με μετρητά/με πιστωτική κάρτα.
[THa pliroso me metrita/me pistotiki karta]

Paper/Plastic, please.
Σε χάρτινη/Πλαστική τσάντα, παρακαλώ.
[se khartini/plastiki tsanda, parakalo]

I don't need a bag.
Δεν χρειάζομαι τσάντα.
[then khriazome tsanda]

I have my own bag.
Έχω τη δική μου τσάντα.
[ekho ti thiki moo tsanda]

You Might See

Πώληση έως ...
Sell by ...

Διατηρείται στο ψυγείο.
Keep refrigerated.

Καταναλώστε εντός ... ημερών μετά το άνοιγμα.
Eat within ... days of opening.

Αναθερμάνετε πριν από την κατανάλωση.
Reheat before consuming.

κόσερ   **βιολογικός**
kosher   organic

Κατάλληλο για χορτοφάφους
Suitable for vegetarians

Κατάλληλο για φούρνο μικροκυμάτων
microwaveable

MONEY

Currency and Conversion

Where can I exchange money?
Πού μπορώ να ανταλλάξω χρήματα;
[poo bor**o** na andal**a**xo khr**i**mata]

Is there a currency exchange office nearby?
Υπάρχει ανταλλακτήριο συναλλάγματος εδώ κοντά;
[ip**a**rkhi andalikt**i**rio sinal**a**gmatos eth**o** kond**a**]

I'd like to exchange … for …
Θα ήθελα να ανταλλάξω … σε …
[TH**a** **i**THela na andal**a**xo … se]

US dollars	pounds
αμερικανικά δολάρια	**λίρες**
[amerikanik**a** thol**a**ria]	[l**i**res]
Canadian dollars	Euros
καναδικά δολάρια	**ευρώ**
[kanathik**a** thol**a**ria]	[evr**o**]
traveler's checks	
ταξιδιωτικές επιταγές	
[taxithiotik**e**s epitay**e**s]	

What is the exchange rate?
Ποια είναι η συναλλαγματική ισοτιμία;
[pia **i**ne i sinalagmatik**i** isotim**i**a]

What is the commission charge?
Πόση είναι η προμήθεια;
[p**o**si **i**ne i prom**i**THia]

Can you write that down for me?
Μπορείτε να μου το γράψετε;
[bor**i**te na moo to gr**a**psete]

Banking

Is there a bank near here?
Υπάρχει τράπεζα εδώ κοντά;
[ip**a**rkhi tr**a**peza eth**o** kond**a**]

Where is the nearest ATM?
Πού βρίσκεται το πλησιέστερο μηχάνημα αυτόματης συναλλαγής;
[poo vr**i**skete to plisi**e**stero mikh**a**nima aft**o**matis sinalay**i**s]

What time does the bank open/close?
Τι ώρα ανοίγει/κλείνει η τράπεζα;
[ti **o**ra an**i**yi/kl**i**ni i tr**a**peza]

Can I cash this check here?
Μπορώ να εξαργυρώσω αυτή την επιταγή εδώ;
[bor**o** na exaryir**o**so aft**i** tin epitay**i** eth**o**]

I would like to get a cash advance.
Θα ήθελα μία ταμειακή πίστωση.
[THa **i**THela m**i**a tamiak**i** p**i**stosi]

I would like to cash some traveler's checks.
Θα ήθελα να εξαργυρώσω μερικές ταξιδιωτικές επιταγές.
[THa **i**THela na exaryir**o**so merik**e**s taxithiotik**e**s epitay**e**s]

I've lost my traveler's checks.
Έχασα τις ταξιωτικές επιταγές μου.
[**e**khasa tis taxithiotik**e**s epitay**e**s moo]

The ATM ate my card.
Το μηχάνημα αυτόματης συναλλαγής έφαγε την κάρτα μου.
[to mikh**a**nima aft**o**matis sinalay**i**s **e**faye tin k**a**rta moo]

You Might See

εισάγετε την κάρτα
insert card

κωδικός PIN
PIN number

εισαγωγή
enter

καθαρισμός
clear

ακύρωση
cancel

(λογαριασμός) όψεως
checking

αποταμιευτικός (λογαριασμός)
savings

ανάληψη
withdrawal

κατάθεση
deposit

απόδειξη
receipt

SHOPPING & SERVICES

Shopping

Where's the ...?
Πού είναι ...;
[poo ine]

antiques store
το κατάστημα με τις αντίκες
[to katastima me tis andikes]

bakery
ο φούρνος
[o foornos]

bank
η τράπεζα
[i trapeza]

bookstore
το βιβλιοπωλείο
[to vivliopolio]

camera store
το φωτογραφείο
[to fotografio]

clothing store
το κατάστημα ρούχων
[to katastima rookhon]

convenience store
το παντοπωλείο
[to pandopolio]

delicatessen
το κατάστημα ντελικατέσεν
[to katastima delikatesen]

department store
το πολυκατάστημα
[to polikatastima]

electronics store
το κατάστημα ηλεκτρονικών ειδών
[to katastima ilektronikon ithon]

gift shop
το κατάστημα δώρων
[to katastima thoron]

health food store
το κατάστημα με είδη υγιεινής διατροφής
[to katastima me ithi iyiinis thiatrofis]

jeweler
το κοσμηματοπωλείο
[to kosmimatopolio]

liquor store
η κάβα ποτών
[i k**a**va pot**o**n]

mall
το εμπορικό κέντρο
[to emborik**o** k**e**ndro]

market
η αγορά
[i agor**a**]

music store
το κατάστημα μουσικών ειδών
[to kat**a**stima moosik**o**n ith**o**n]

pastry shop
το ζαχαροπλαστείο
[to zakharoplast**i**o]

pharmacy
το φαρμακείο
[to farmak**i**o]

shoe store
το υποδηματοπωλείο
[to ipothimatopol**i**o]

souvenir store
το κατάστημα με σουβενίρ
[to kat**a**stima me sooven**i**r]

supermarket
το σουπερμάρκετ
[to sooperm**a**rket]

toy store
το κατάστημα παιχνιδιών
[to kat**a**stima pekhnithi**o**n]

Getting help

Where's the ...?
Πού είναι ...;
[poo **i**ne]

cashier
το ταμείο
[to tam**i**o]

fitting room
το δοκιμαστήριο
[to thokimast**i**rio]

elevator
το ασανσέρ
[to asans**e**r]

escalator
οι κυλιόμενες σκάλες
[i kili**o**menes sk**a**les]

store map
ο χάρτης του καταστήματος
[o kh**a**rtis too katast**i**matos]

Can you help me?
Μπορείτε να με βοηθήσετε;
[borite na me vooTHisete]

I'm looking for …
Ψάχνω για …
[psakhno ya]

Where can I find …?
Πού μπορώ να βρω …;
[poo boro na vro]

I would like …
Θα ήθελα …
[THa iTHela]

I'm just looking.
Απλά ρίχνω μια ματιά.
[apla rikhno mia matia]

Preference

I want something …
Θέλω κάτι …
[THelo kati]

big	small	local
μεγάλο	**μικρό**	**ντόπιο**
[megalo]	[mikro]	[dopio]

cheap	expensive	nice
φθηνό	**ακριβό**	**ωραίο**
[fTHino]	[akrivo]	[oreo]

I can only pay …
Μπορώ να πληρώσω μόνο …
[boro na pliroso mono]

SHOPPING & SERVICES

Is it authentic?
Είναι αυθεντικό;
[ine afTHendiko]

Can you show me that?
Μπορείτε να μου δείξετε αυτό;
[borite na moo thixete afto]

Can I see it?
Μπορώ να το δω;
[boro na to tho]

Do you have any others?
Έχετε τίποτα άλλο;
[ekhete tipota alo]

Can you ship/wrap this?
Μπορείτε να το στείλετε/τυλίξετε;
[borite na to stilete/tilixete]

Do you have this in …?
Το έχετε αυτό σε …;
[to ekhete afto se]

black	green	red
μαύρο	**πράσινο**	**κόκκινο**
[mavro]	[prasino]	[kokino]
blue	orange	white
μπλε	**πορτοκαλί**	**λευκό**
[ble]	[portokali]	[lefko]
brown	pink	yellow
καφέ	**ροζ**	**κίτρινο**
[kafe]	[roz]	[kitrino]
gray	purple	
γκρι	**μωβ**	
[gri]	[mov]	

Do you have anything lighter/darker?
Έχετε κάτι σε πιο ανοιχτό/σκούρο;
[**e**khete k**a**ti se pi**o** anikht**o**/sk**oo**ro]

Haggling

That's too expensive.
Αυτό είναι πολύ ακριβό.
[aft**o** **i**ne pol**i** akriv**o**]

Do you have anything cheaper?
Έχετε κάτι πιο φθηνό;
[**e**khete k**a**ti pio fTHin**o**]

I'll give you …
Θα σας δώσω …
[THa sas th**o**so]

I'll have to think about it.
Θα το σκεφτώ.
[THa to skeft**o**]

Is that your best price?
Αυτή είναι η καλύτερη τιμή που κάνετε;
[aft**i** **i**ne i kal**i**teri tim**i** poo k**a**nete]

Can you give me a discount?
Μπορείτε να μου κάνετε κάποια έκπτωση;
[bor**i**te na moo k**a**nete k**a**pia **e**kptosi]

Deciding

That's not quite what I want.
Δεν είναι αυτό ακριβώς που θέλω.
[then **i**ne aft**o** akriv**o**s poo TH**e**lo]

I don't like it.
Δεν μου αρέσει.
[then moo aresi]

It's too expensive.
Είναι πολύ ακριβό.
[ine poli akrivo]

I'll take it.
Θα το πάρω.
[THa to paro]

Paying

Where can I pay?
Πού μπορώ να πληρώσω;
[poo boro na pliroso]

How much?
Πόσο κάνει;
[poso kani]

Does the price include tax?
Η τιμή συμπεριλαμβάνει φόρο;
[i timi simberilamvani foro]

I'll pay in cash.
Θα πληρώσω με μετρητά.
[THa pliroso me metrita.

I'll pay by credit card.
Θα πληρώσω με πιστωτική κάρτα.
THa pliroso me pistotiki karta]

Do you accept traveler's checks?
Δέχεστε ταξιδιωτικές επιταγές;
[thekheste taxithiotikes epitayes]

I have …
Έχω …
[**e**kho]

> an ATM card
> **κάρτα μηχανήματος αυτόματης συναλλαγής**
> [**k**arta mikhan**i**matos aft**o**matis sinalay**i**s]

> a credit card
> **πιστωτική κάρτα**
> [pistotik**i** k**a**rta]

> a gift card
> **μία κάρτα δώρου**
> [m**i**a k**a**rta th**o**roo]

> a debit card
> **χρεωστική κάρτα**
> [khreostik**i** k**a**rta]

Can I have a receipt?
Μπορώ να έχω την απόδειξη;
[bor**o** na **e**kho tin ap**o**thixi]

Complaining

This is broken.
Αυτό είναι χαλασμένο.
[aft**o** **i**ne khalasm**e**no]

It doesn't work.
Δεν λειτουργεί.
[then litoory**i**]

I'd like …
Θα ήθελα …
[THa **i**THela]

> to exchange this
> **να το ανταλλάξω**
> [na to andal**a**xo]

> to return this
> **να το επιστρέψω**
> [na to epistr**e**pso]

a refund
επιστροφή χρημάτων
[epistrofi khrimaton]

to speak to the manager
να μιλήσω στον διευθυντή
[na miliso ston thiefTHindi]

Services

barber
κουρείο
[koorio]

dry cleaner
στεγνοκαθαριστήριο
[stegnokaTHaristirio]

hair salon
κομμωτήριο
[komotirio]

laundromat
πλυντήριο ρούχων
[plindirioo rookhon]

nail salon
σαλόνι ομορφιάς για νύχια
[saloni omorfias ya nikhia]

spa
σπα
[spa]

travel agency
ταξιδιωτικό πρακτορείο
[taxithiotiko praktorio]

Hair Salon / Barber

I'd like a …
Θα ήθελα …
[THa iTHela]

color	cut	perm
βαφή	**κόψιμο**	**περμανάντ**
[vafi]	[kopsimo]	[permanand]

shave
ξύρισμα
[x**i**risma]

trim
ψαλίδισμα
[psal**i**thisma]

Cut about this much off.
Κόψτε περίπου τόσο.
[k**o**pste per**i**poo t**o**so]

Can I have a shampoo?
Θα ήθελα ένα λούσιμο;
[THa **i**THela **e**na l**oo**simo]

Cut it shorter here.
Κόψτε το πιο πολύ εδώ.
[k**o**pste to pio pol**i** eth**o**]

Leave it longer here.
Αφήστε τα πιο μακριά εδώ.
[af**i**ste ta pi**o** makri**a** eth**o**]

Spa

I'd like (a) ...
Θα ήθελα ...
[THa **i**THela]

facial
μία περιποίηση προσώπου
[m**i**a peripi**i**si pros**o**poo]

manicure
ένα μανικιούρ
[**e**na maniki**oo**r]

massage
μασάζ
[mas**a**z]

pedicure
ένα πεντικιούρ
[**e**na pendiki**oo**r]

wax
αποτρίχωση
[apotr**i**khosi]

aromatherapy
αρωματοθεραπεία
[aromatoTHerap**i**a]

acupuncture	sauna
βελονισμό	**σάουνα**
[velonism**o**]	[s**a**oona]

Laundry

Is there …?
Υπάρχει …; [ip**a**rkhi]

full-service	self-service
φουλ σέρβις	**σελφ σέρβις**
[fool s**e**rvis]	[self s**e**rvis]

same-day service
αυθημερόν σέρβις
[afTHimer**o**n s**e**rvis]

Do you have …?
Έχετε …; [**e**khete]

bleach	detergent
λευκαντικό	**απορρυπαντικό**
[lefkandik**o**]	[aporipandik**o**]
change	dryer sheets
ψιλά	**φύλλα στεγνωτηρίου**
[psil**a**]	[f**i**la stegnotir**i**oo]

fabric softener
μαλακτικό
[malaktik**o**]

This machine is broken.
Αυτό το πλυντήριο είναι χαλασμένο.
[aft**o** to plind**i**rio **i**ne khalasm**e**no]

How does this work?
Πώς λειτουργεί;
[pos litooryi]

When will my clothes be ready?
Πότε θα είναι έτοιμα τα ρούχα μου;
[pote THa ine etima ta rookha moo]

whites **λευκά** [lefka]	colors **χρωματιστά** [khromatista]
delicates **ευαίσθητα** [evesTHita]	hand wash **πλύσιμο στο χέρι** [plisimo sto kheri]
gentle cycle **απαλό πλύσιμο** [apalo plisimo]	permanent press **ελαφρύ στύψιμο** [elafri stipsimo]

dry clean only
στεγνό καθάρισμα μόνο
[stegno kaTHarisma mono]

cold water **κρύο νερό** [krio nero]	warm water **χλιαρό νερό** [khliaro nero]	hot water **ζεστό νερό** [zesto nero]

SOCIAL INTERACTION

Introductions

Hello.	Hi!
Γεια σας.	**Γεια!**
[ya sas]	[ya]

Sir	Madam
κύριος	**κυρία**
[kirios]	[kiria]

Mr.	Ms.	Mrs.
κ.	**δεσποινίς**	**κα.**
[kirios]	[thespinis]	[kiria]

Dr. (*medical*)	Dr. (*academic*)
Ιατρός	**Δρ.**
[iatros]	[thoktor]

What's your name?	My name is …
Πώς λέγεστε;	**Με λένε …**
[pos leyeste]	[me lene]

Pleased to meet you.
Χαίρω πολύ.
[khero poli]

Nationality

Where are you from?	I'm from …
Από πού είστε;	**Είμαι από …**
[apo poo iste]	[ime apo]

the USA
τις ΗΠΑ
[tis **i**pa]

Ireland
την Ιρλανδία
[tin irlan**thi**a]

the UK
το Ηνωμένο Βασίλειο
[to inom**e**no vas**i**lio]

Australia
την Αυστραλία
[tin afstral**i**a]

Canada
τον Καναδά
[ton kanath**a**]

New Zealand
τη Νέα Ζηλανδία
[ti n**e**a zilan**thi**a]

I'm …
Είμαι … [**i**me]

American
Αμερικανός
[amerikan**o**s]

Irish
Ιρλανδός
[irlan**tho**s]

English
Άγγλος
[**a**nglos]

Canadian
Καναδός
[kanath**o**s]

Welsh
Ουαλός
[ooal**o**s]

Australian
Αυστραλός
[afstral**o**s]

Scottish
Σκωτσέζος
[skots**e**zos]

a New Zealander
Νεοζηλανδός
[neozilan**tho**s]

Where were you born?
Πού γεννηθήκατε;
[poo yeniTH**i**kate]

I was born in …
Γεννήθηκα στο …
[yen**i**THika sto]

SOCIAL INTERACTION

Family

This is my …
Από εδώ … μου
[apo etho … moo]

husband	wife	partner
ο σύζυγος	**η σύζυγος**	**ο** (*m*)/**η** (*f*) **σύντροφος**
[o sizigos]	[i sizigos]	[o/i sindrofos]

mother	father
η μητέρα	**ο πατέρας**
[i mitera]	[o pateras]

older brother	younger brother
ο μεγαλύτερος αδερφός	**ο μικρότερος αδερφός**
[o megaliteros atherfos]	[o mikroteros atherfos]

older sister	younger sister
η μεγαλύτερη αδερφή	**η μικρότερη αδερφή**
[i megaliteri atherfi]	[i mikroteri atherfi]

cousin	aunt	uncle
ο ξάδερφος	**η θεία**	**ο θείος**
[o xatherfos]	[i THia]	[o THios]

grandmother	grandfather
η γιαγιά	**ο παππούς**
[i yaya]	[o papoos]

mother-in-law	father-in-law
η πεθερά	**ο πεθερός**
[i peTHera]	[o peTHeros]

sister-in-law	sister-in-law
(*wife's sister*)	(*brother's wife*)
η κουνιάδα	**νύφη**
[i kooniatha]	[nifi]

brother-in-law
ο γαμπρός
[o gambros]

step-mother
η μητριά
[i mitria]

step-father
ο πατριός
[o patrios]

step-sister
η θετή αδερφή
[i THeti atherfi]

step-brother
ο θετός αδερφός
[o THetos atherfos]

Work and School

What do you do?
Τι δουλειά κάνετε;
[ti thoolia kanete]

> I'm a student.
> **Είμαι φοιτητής.**
> [ime fititis]

> I work for …
> **Δουλεύω για …**
> [thoolevo ya]

> I'm retired.
> **Είμαι συνταξιούχος.**
> [ime sindaxiookhos]

Age

How old are you?
Πόσο χρονών είστε;
[poso khronon iste]

> I am … years old.
> **Είμαι … χρονών.**
> [ime … khronon]

SOCIAL INTERACTION

Religion

What religion are you?
Ποιο είναι το θρήσκευμα σας;
[pio ine to THriskevma sas]

I am …
Είμαι … [ime]

> agnostic
> **αγνωστικιστής**
> [agnostikistis]

> Christian
> **Χριστιανός**
> [khristianos]

> atheist
> **άθεος**
> [aTHeos]

> Hindu
> **Ινδουιστής**
> [inthooistis]

> Buddhist
> **Βουδιστής**
> [voothistis]

> Jewish
> **Εβραίος**
> [evreos]

> Catholic
> **Καθολικός**
> [kaTHolikos]

> Muslim
> **Μουσουλμάνος**
> [moosoolmanos]

Etiquette

Welcome!
Καλώς ήλθατε!
[kalos ilTHate]

How are you?
Τι κάνετε;
[ti kanete]

> Fine, thanks.
> **Καλά, ευχαριστώ.**
> [kala efkharisto]

> And you?
> **Κι εσείς;**
> [ki esis]

Good morning.
Καλημέρα.
[kalimera]

Good afternoon.
Καλησπέρα.
[kalispera]

Good evening.
Καλησπέρα.
[kalispera]

Good night.
Καληνύχτα.
[kalinikhta]

See you …
Τα λέμε … [ta leme]

later	soon	tomorrow
αργότερα	**σύντομα**	**αύριο**
[argotera]	[sindoma]	[avrio]

Goodbye.
Αντίο.
[andio]

Please.
Παρακαλώ.
[parakalo]

Thank you.
Ευχαριστώ.
[efkharisto]

You're welcome.
Παρακαλώ.
[parakalo]

I'm sorry.
Συγγνώμη.
[singnomi]

Excuse me.
Με συγχωρείτε.
[me sinkhorite]

Interests

Do you like ...?
Σας αρέσει ...;
[sas aresi]

art
η τέχνη
[i tekhni]

music
η μουσική
[i moosiki]

cinema
ο κινηματογράφος
[o kinimatografos]

sports
τα σπορ
[ta spor]

theater
το θέατρο
[to THeatro]

Yes, very much.
Ναι, πάρα πολύ.
[ne para poli]

A little.
Λίγο.
[ligo]

Not really.
Όχι πολύ.
[okhi poli]

I like ...
Μου αρέσει ...
[moo aresi]

I don't like ...
Δεν μου αρέσει ...
[then moo aresi]

Leisure

Can you recommend a good …?
Μπορείτε να μου προτείνετε …;
[borite na moo προτείνετε]

book
ένα καλό βιβλίο
[ena kalo vivlio]

museum
ένα καλό μουσείο
[ena kalo moosio]

CD
ένα καλό CD
[ena kalo sidi]

film
μία καλή ταινία
[mia kali tenia]

exhibit
μία καλή έκθεση
[mia kali ekTHesi]

play
ένα καλό έργο
[ena kalo ergo]

What's playing tonight?
Τι παίζει απόψε;
[ti pezi apopse]

I like … films.
Μου αρέσουν …
[moo aresoon]

action
οι ταινίες δράσης
[i tenies thrasis]

drama
οι δραματικές ταινίες
[i thramatikes tenies]

art
οι καλλιτεχνικές ταινίες
[i kalitekhnikes tenies]

foreign
οι ξενόγλωσσες ταινίες
[i xenogloses tenies]

comedy
οι κωμωδίες
[i komothies]

horror
οι ταινίες τρόμου
[i tenies tromoo]

SOCIAL INTERACTION

indie
**οι ταινίες ανεξάρτη-
της παραγωγής**
[i tenies anexartitis
paragoyis]

musical
τα μιούζικαλ
[ta mioozikal]

mystery
οι ταινίες μυστηρίου
[i tenies mistirioo]

romance
**οι ρομαντικές
ταινίες**
[i romandikes tenies]

suspense
οι ταινίες αγωνίας
[i tenies agonias]

What are the movie times?
Ποιες είναι οι ώρες προβολής της ταινίας;
[pies ine i ores provolis tis tenias]

Sports

I like …
Μου αρέσει … [moo aresi]

baseball
το μπέιζμπολ
[to beizbol]

basketball
το μπάσκετ
[to basket]

bicycling
η ποδηλασία
[i pothilasia]

boxing
η πυγμαχία
[i pigmakhia]

diving
οι καταδύσεις
[i katathisis]

football (American)
το ποδόσφαιρο
[to pothosfero]

golf
το γκολφ
[to golf]

hiking
η πεζοπορία
[i pezoporia]

martial arts
οι πολεμικές τέχνες
[i polemik**e**s t**e**khnes]

skiing
το σκι
[to ski]

soccer
το ποδόσφαιρο
[to poth**o**sfero]

tennis
το τένις
[to t**e**nis]

swimming
η κολύμβηση
[i kol**i**mvisi]

volleyball
το βόλεϊ
[to v**o**lei]

surfing
το σέρφινγκ
[to s**e**rfing]

When's the game?
Πότε είναι ο αγώνας;
[p**o**te **i**ne o ag**o**nas]

Would you like to go to the game with me?
Θα ήθελες να έρθεις στον αγώνα μαζί μου;
[THa **i**THeles na **e**rTHis ston ag**o**na maz**i** moo]

What's the score?
Πόσο είναι το σκορ;
[p**o**so **i**ne to skor]

Who's winning?
Ποιος κερδίζει;
[pios kerth**i**zi]

Do you want to play?
Θέλετε να παίξετε;
[TH**e**lete na p**e**xete]

Can I join in?
Μπορώ να συμμετάσχω;
[bor**o** na simet**a**skho]

SOCIAL INTERACTION

Friends and Romance

What are your plans for ...?
Τι σχέδια έχεις για ...;
[ti skhethia ekhis ya]

tonight	tomorrow	the weekend
απόψε	**αύριο**	**το σαββατοκύριακο**
[apopse]	[avrio]	[to savatokiriako]

Would you like to get a drink?
Θα ήθελες να πάμε για ποτό;
[THa iTHeles na pame ya poto]

Where would you like to go?
Πού θα ήθελες να πάμε;
[poo THa iTHeles na pame]

Would you like to go dancing?
Θα ήθελες να πάμε για χορό;
[THa iTHeles na pame ya khoro]

I'm busy
Είμαι απασχολημένος.
[ime apaskholimenos]

No, thank you.
Όχι, ευχαριστώ.
[okhi efkharisto]

I'd like that.
Θα το ήθελα.
[THa to iTHela]

That sounds great!
Τέλεια ιδέα!
[telia ithea]

Go away!
Χάσου!
[khasoo]

Stop it!
Σταμάτα!
[stamata]

I'm here with my …
Είμαι εδώ με … μου.
[ime etho me … moo]

boyfriend	girlfriend
το αγόρι	**την κοπέλα**
[to agori]	[tin kopela]
husband	wife
τον σύζυγο	**τη σύζυγο**
[ton sizigo]	[ti sizigo]

I'm …
Είμαι … [ime]

single	married
ελεύθερος	**παντρεμένος**
[elefTHeros]	[pandremenos]
separated	divorced
σε διάσταση	**χωρισμένος**
[se thiastasi]	[khorismenos]
seeing someone	
βγαίνω με κάποιον	
[vyeno me kapion]	

Do you like men or women?
Σου αρέσουν οι άντρες ή οι γυναίκες;
[soo aresoon i andres i i yinekes]

I'm …
Είμαι … [ime]

bisexual	heterosexual
αμφιφυλόφιλος	**ετεροφυλόφιλος**
[amfifilofilos]	[eterofilofilos]

homosexual
ομοφυλόφιλος
[omofil**o**filos]

Can I kiss you?
Μπορώ να σε φιλήσω;
[bor**o** na se fil**i**so]

I like you.
Μου αρέσεις.
[moo ar**e**sis]

I love you.
Σ' αγαπώ.
[sagap**o**]

COMMUNICATIONS

Mail

Where is the post office?
Πού είναι το ταχυδρομείο;
[poo ine to takhidromio]

Is there a mailbox nearby?
Υπάρχει γραμματοκιβώτιο εδώ κοντά;
[iparkhi gramatokivotio etho konda]

Can I buy stamps?
Μπορώ να αγοράσω γραμματόσημα;
[boro na agoraso gramatosima]

I would like to send a …
Θα ήθελα να στείλω …
[THa iTHela na stilo]

letter	package/parcel
ένα γράμμα	**ένα πακέτο/δέμα**
[ena grama]	[ena paketo/thema]

postcard
μία καρτ ποστάλ
[mia kart postal]

Please send this via …
Παρακαλώ στείλτε το …
[parakalo stilte to]

air mail	registered mail
αεροπορικά	**συστημένο**
[aeroporika]	[sistimeno]

priority mail	regular mail
κατεπείγον	**απλό**
[katepigon]	[aplo]

It's going to …
Πηγαίνει …
[piyeni]

> the United States
> **στις Ηνωμένες Πολιτείες**
> [stis inomenes polities]

> Canada
> **στον Καναδά**
> [ston kanatha]

> the United Kingdom
> **στο Ηνωμένο Βασίλειο**
> [sto inomeno vasilio]

How much does it cost?
Πόσο κάνει;
[poso kani]

When will it arrive?
Πότε θα φτάσει;
[pote THa ftasi]

It contains …
Περιέχει …
[periekhi]

What is …?
Ποια είναι …;
[pia ine …]

> your address
> **η διεύθυνση σας**
> [i thiefTHinsi sas]

the address for the hotel
η διεύθυνση του ξενοδοχείου
[i thiefTHinsi too xenothokhioo]

the address I should have my mail sent to
η διεύθυνση που πρέπει να στείλω το γράμμα
[i thiefTHinsi poo prepi na stilo to grama]

Can you write down the address for me?
Μπορείτε να μου γράψετε κάπου τη διεύθυνση;
[borite na moo grapsete kapoo ti thiefTHinsi]

Is there any mail for me?
Υπάρχει κανένα γράμμα για μένα;
[iparkhi kanena grama ya mena]

domestic	international
εσωτερικός	**διεθνής**
[esoterikos]	[thieTHnis]
postage	stamp
ταχυδρομικά τέλη	**γραμματόσημο**
[takhithromika teli]	[gramatosimo]
postal code	envelope
ταχυδρομικός κώδικας	**φάκελος**
[takhithromikos kothikas]	[fakelos]
postal insurance	customs
ταχυδρομική ασφάλιση	**τελωνείο**
[takhithromiki asfalisi]	[telonio]

Telecommunications

Telephones, Fax and Mobile Phones

Where is a pay phone?
Πού υπάρχει ένα τηλέφωνο με κέρματα;
[poo iparkhi ena tilefono me kermata]

Can I use your phone?
Μπορώ να χρησιμοποιήσω το τηλέφωνο σας;
[boro na khrisimopiiso to tilefono sas]

I would like to …
Θα ήθελα να …
[THa iTHela na]

> make an overseas phone call
> **κάνω ένα τηλεφώνημα στο εξωτερικό**
> [kano ena tilefonima sto exoteriko]

> make a local call
> **κάνω ένα τοπικό τηλεφώνημα**
> [kano ena topiko tilefonima]

> send a fax
> **στείλω ένα φαξ**
> [stilo ena fax]

What number do I dial for …?
Τι αριθμό πληκτρολογώ για …;
[ti ariTHmo pliktrologo ya]

> information
> **τις πληροφορίες**
> [tis plirofories]

> an outside line
> **μία εξωτερική γραμμή**
> [mia exoteriki grami]

an operator
έναν τηλεφωνητή
[**e**nan tilefoniti**i**]

What is the phone number for the ...?
Ποιός είναι ο αριθμός για ...;
[pios **i**ne o ariTHm**o**s ya]

hotel
το ξενοδοχείο
[to xenothokh**i**o]

restaurant
το εστιατόριο
[to estiat**o**rio]

office
το γραφείο
[to graf**i**o]

embassy
την πρεσβεία
[tin presv**i**a]

What is your ...?
Ποιός είναι ο ... σας;
[pios **i**ne o ... sas]

phone number
αριθμός τηλεφώνου
[ariTHm**o**s tilef**o**noo]

home phone number
αριθμός της οικίας
[ariTHm**o**s tis ik**i**as]

work number
αριθμός της εργασίας
[ariTHm**o**s tis ergas**i**as]

fax number
αριθμός φαξ
[ariTHm**o**s fax]

mobile/cell phone number
αριθμός του κινητού τηλεφώνου
[ariTHm**o**s too kinit**oo** tilef**o**noo]

COMMUNICATIONS

Can you write down your number for me?
**Μπορείτε να μου γράψετε κάπου τον αριθμό
    σας;**
[borite na moo grapsete kapoo ton ariTHmo sas]

My number is …
Ο αριθμός μου είναι …
[o ariTHmos moo ine]

What is the country code for …?
Ποιός είναι ο κωδικός χώρας για …;
[pios ine o kothikos khoras ya]

I would like to buy …
Θα ήθελα να αγοράσω …
[THa iTHela na agoraso]

   a domestic phone card
   μία τηλεκάρτα για κλήσεις εσωτερικού
   [mia tilekarta ya klisis esoterikoo]

   an international phone card
   μία τηλεκάρτα για διεθνείς κλήσεις
   [mia tilekarta ya thieTHnis klisis]

   a disposable cell phone
   ένα κινητό τηλέφωνο μίας χρήσης
   [ena kinito tilefono mias khrisis]

   a SIM card
   μία κάρτα SIM
   [mia karta sim]

   a mobile phone recharge card
   **μία κάρτα ανανέωσης για το κινητό
       τηλέφωνο**
   [mia karta ananeosis ya to kinito tilefono]

What is the cost per minute?
Πόσο κοστίζει το λεπτό ομιλίας;
[p**o**so kost**i**zi to lept**o** omili**a**s]

I need a phone with XX minutes.
Χρειάζομαι ένα τηλέφωνο με XX λεπτά ομιλίας.
[khri**a**zome **e**na til**e**fono me XX lept**a** omil**i**as]

How do I make calls?
Πώς κάνω κλήσεις;
[pos k**a**no kl**i**sis]

collect call
κλήση με χρέωση του καλούμενου
[kl**i**si me khr**e**osi too kal**oo**menoo]

toll-free
χωρίς χρέωση
[khor**i**s khr**e**osi]

pre-played cell phone
προπληρωμένο κινητό τηλέφωνο
[propliirom**e**no kinit**o** til**e**fono]

extention (number)
αριθμός επέκτασης
[ariTHm**o**s ep**e**ktasis]

phone book
τηλεφωνικός κατάλογος
[tilefonik**o**s kat**a**logos]

voicemail
τηλεφωνητής
[tilefonit**i**s]

On the phone

Hello?
Εμπρός;
[embros]

Hello. This is …
Γεια σας. Είμαι …
[ya sas ime]

May I speak to …?
Μπορώ να μιλήσω στον …;
[boro na miliso ston]

… isn't here. May I take a message?
**… δεν είναι εδώ. Μπορώ να πάρω κάποιο
    μήνυμα;**
[then ine etho. Boro na paro kapio minima]

I would like to leave a message for …
Θα ήθελα να αφήσω ένα μήνυμα για …
[THa iTHela na afiso ena minima ya]

Sorry, wrong number.
Συγγνώμη, λάθος αριθμός.
[singnomi, laTHos ariTHmos]

Please call back later.
Παρακαλώ καλέστε αργότερα.
[parakalo kaleste argotera]

I'll call back later.
Θα καλέσω αργότερα.
[THa kaleso argotera]

Bye.
Αντίο.
[andio]

Computers and the Internet

Where is the nearest ...?
Πού είναι το πλησιέστερο ...;
[poo **i**ne to plisi**e**stero]

Internet café
Ίντερνετ καφέ
[**i**ndernet kaf**e**]

computer repair shop
κατάστημα επισκευής υπολογιστών
[kat**a**stima episkev**i**s ipoloyist**o**n]

Do you have ...?
Έχετε ...;
[**e**khete]

available computers
διαθέσιμους υπολογιστές
[thiaTH**e**simoos ipoloyist**e**s]

(wireless) Internet
(ασύρματο) Ίντερνετ
[as**i**rmato **i**ndernet]

a printer
εκτυπωτή
[ektipot**i**]

a scanner
σαρωτή
[sarot**i**]

How do you ...?
Πώς ...;
[pos]

turn on this computer
ανοίγω αυτόν τον υπολογιστή
[an**i**go aft**o**n ton ipoloyist**i**]

log in
κάνω είσοδο
[kano **i**sotho]

connect to the wi-fi
συνδέομαι στο wi-fi
[sinth**e**ome sto wi-fi]

type in English
πληκτρολογώ στα Αγγλικά
[pliktrolog**o** sta anglik**a**]

How much does it cost for ...?
Ποια είναι η χρέωση για ...;
[pi**a** **i**ne i khr**e**osi ya]

15 minutes
15 λεπτά
[thekap**e**nde lept**a**]

30 minutes
30 λεπτά
[tri**a**nda lept**a**]

one hour
μία ώρα
[m**i**a **o**ra]

What is the password?
Ποιος είναι ο κωδικός πρόσβασης;
[pios **i**ne o kothik**o**s pr**o**svasis]

My computer ...
Ο υπολογιστής μου ...
[o ipoloyist**i**s moo]

doesn't work
δεν λειτουργεί
[then litoory**i**]

won't turn on
δεν ανοίγει
[then an**i**yi]

is frozen
έχει κολλήσει
[**e**khi kol**i**si]

crashed
κράσαρε
[kr**a**sare]

doesn't have an Internet connection
δεν συνδέεται στο Ίντερνετ
[then sind**ee**te sto **i**ndernet]

Windows	USB port
Windows	**θύρα USB**
	[TH**i**ra USB]
Macintosh	ethernet cable
Macintosh	**καλώδιο ethernet**
	[kal**o**thio **e**THernet]
Linux	CD
Linux	**CD**
computer	DVD
υπολογιστής	**DVD**
[ipoloyist**is**]	

laptop
φορητός υπολογιστής
[forit**o**s ipoloyist**is**]

e-mail
ηλεκτρονικό ταχυδρομείο
[ilektronik**o** takhithrom**i**o]

BUSINESS

Professions and Specializations

What do you do?
Τι δουλειά κάνετε;
[ti thoolia kanete]

I'm …
Είμαι …
[ime]

an aid worker
εθελοντής
[eTHelondis]

an accountant
λογιστής
[loyistis]

an administrative
assistant
βοηθός διοίκησης
[voiTHos thiikisis]

an architect
αρχιτέκτονας
[arkhitektonas]

an assistant
βοηθός
[voiTHos]

an artist
καλλιτέχνης
[kalitekhnis]

a banker
τραπεζίτης
[trapezitis]

a businessman/
businesswoman
επιχειρηματίας
[epikhirimatias]

a carpenter
ξυλουργός
[xiloorgos]

a CEO
διευθύνων
σύμβουλος
[thiefTHinon simvoolos]

a clerk
υπάλληλος γραφείου
[ipalilos grafioo]

a consultant
σύμβουλος
[simvoolos]

a contractor
εργολάβος
[ergolavos]

a construction worker
οικοδόμος
[ikothomos]

a coordinator
συντονιστής
[sindonistis]

a dentist
οδοντίατρος
[othondiatros]

a director
διευθυντής
[thiefTHindis]

a doctor
γιατρός
[yatros]

an editor
συντάκτης
[sindaktis]

an electrician
ηλεκτρολόγος
[ilektrologos]

an engineer
μηχανικός
[mikhanikos]

an intern
εκπαιδευόμενος
[ekpethevomenos]

a journalist
δημοσιογράφος
[thimosiografos]

a lawyer
δικηγόρος
[thikigoros]

a librarian
βιβλιοθηκονόμος
[vivlioTHikonomos]

a manager
διευθυντής
[thiefTHindis]

a nurse
νοσηλευτής
[nosileftis]

a politician
πολιτικός
[politikos]

a secretary
γραμματέας
[gramateas]

a student
φοιτητής
[fititis]

a supervisor
προϊστάμενος
[proistamenos]

a teacher
δάσκαλος
[thaskalos]

a writer
συγγραφέας
[singrafeas]

I work in …
Ασχολούμαι με …
[askholoome me]

academia
τα ακαδημαϊκά
[ta akathimaika]

accounting
τη λογιστική
[ti loyistiki]

advertising
τη διαφήμιση
[ti thiafimisi]

the arts
τις τέχνες
[tis tekhnes]

banking
τα τραπεζικά
[ta trapezika]

business
τις επιχειρήσεις
[tis epikhirisis]

education
την εκπαίδευση
[tin ekpethefsi]

engineering
τη μηχανολογία
[ti mikhanoloyia]

finance
τα οικονομικά
[ta ikonomika]

government
τα κυβερνητικά
[ta kivernitika]

journalism
τη δημοσιογραφία
[ti thimosiografia]

law
τα νομικά
[ta nomika]

manufacturing
τις κατασκευές
[tis kataskeves]

marketing
τη διαφήμιση
[ti thiafimisi]

the medical field
τα ιατρικά
[ta iatrika]

politics
τα πολιτικά
[ta politika]

public relations
τις δημόσιες σχέσεις
[tis thimosies skhesis]

publishing
τις εκδόσεις
[tis ekthosis]

a restaurant
ένα εστιατόριο
[**e**na estiat**o**rio]

a store
ένα κατάστημα
[**e**na kat**a**stima]

social services
τις κοινωνικές
υπηρεσίες
[tis kinonik**e**s ipires**i**es]

the travel industry
τον τουρισμό
[ton toorism**o**]

I work for …
Εργάζομαι για …
[erg**a**zome ya]

Business Communication and Interaction

I have a meeting/appointment with …
Έχω μία συνάντηση/ραντεβού με …
[**e**kho m**i**a sin**a**ndisi/randev**oo** me]

Where's the …?
Πού είναι …;
[poo **i**ne]

business center
το επιχειρηματικό κέντρο
[to epikhirimatik**o** k**e**ndro]

convention hall
ο εκθεσιακός χώρος
[o ekTHesiak**o**s kh**o**ros]

meeting room
η αίθουσα συνεδριάσεων
[i **e**THoosa sinethri**a**seon]

Can I have your business card?
Μπορώ να έχω την επαγγελματική σας κάρτα;
[bor**o** na **e**kho tin epangelmatik**i** sas k**a**rta]

Here's my name card.
Ορίστε η κάρτα μου.
[or**i**ste i k**a**rta moo]

I'm here for a ...
Είμαι εδώ για ...
[**i**me eth**o** ya]

conference
ένα συνέδριο
[**e**na sin**e**thrio]

meeting
μία συνάντηση
[m**i**a sin**a**ndisi]

seminar
ένα σεμινάριο
[**e**na semin**a**rio]

My name is ...
Με λένε ...
[me l**e**ne]

May I introduce my colleague ...
Να σας συστήσω τον συνάδελφο μου ...
[na sas sist**i**so ton sin**a**thelfo moo]

Pleased to meet you.
Χαίρω πολύ.
[kh**e**ro pol**i**]

I'm sorry I'm late.
Συγγνώμη για την καθυστέρηση.
[singn**o**mi ya tin kaTHist**e**risi]

You can reach me at ...
Μπορείτε να με καλέσετε στο ...
[bor**i**te na me kal**e**sete sto]

I'm here until …
Είμαι εδώ μέχρι …
[ime etho mekhri]

I need to …
Πρέπει να …
[prepi na]

> make a photocopy
> **βγάλω μια φωτοτυπία**
> [vgalo mia fototipia]
>
> make a telephone call
> **κάνω ένα τηλεφώνημα**
> [kano ena tilefonima]
>
> send a fax
> **στείλω ένα φαξ**
> [stilo ena fax]
>
> send a package (overnight)
> **στείλω ένα πακέτο (τη νύχτα)**
> [stilo ena paketo ti nikhta]
>
> use the Internet
> **χρησιμοποιήσω το Ίντερνετ**
> [khrisimopiiso to indernet]

It was a pleasure meeting you.
Χάρηκα πολύ για τη γνωριμία.
[kharika poli ya ti gnorimia]

I look forward to meeting with you again.
Ανυπομονώ να σας ξαναδώ.
[anipomono na sas xanatho]

You Might Hear

Σας ευχαριστώ που ήρθατε.
[sas efkharist**o** poo **i**rTHate]
Thank you for coming.

Ένα λεπτό, παρακαλώ.
[**e**na lept**o**, parakal**o**]
One moment, please.

Έχετε ραντεβού;
[**e**khete randev**oo**]
Do you have an appointment?

Με ποιον;
[me pion]
With whom?

Αυτός ...
[aft**o**s]
He ...

είναι σε συνάντηση.
[**i**ne se sin**a**ndisi]
is in a meeting.

λείπει σε επαγγελματικό ταξίδι.
[l**i**pi se epangelmatik**o** tax**i**thi]
is on a business trip.

λείπει σε διακοπές.
[l**i**pi se thiakop**e**s]
is away on vacation.

μόλις βγήκε έξω.
[m**o**lis vg**i**ke **e**xo]
just stepped out.

θα είναι μαζί σας αμέσως.
[THa **i**ne maz**i** sas am**e**sos]
will be right with you.

θα σας δει τώρα.
[THa sas thi t**o**ra]
will see you now.

Παρακαλώ καθίστε.
[parakal**o** kaTH**i**ste]
Please have a seat.

Business Vocabulary

advertisement **διαφήμιση** [thiafimisi]

advertising **διαφήμιση** [thiafimisi]

bonus **μπόνους** [bonoos]

boss **αφεντικό** [afendiko]

briefcase **χαρτοφύλακας** [khartofilakas]

business **επιχείρηση** [epikhirisi]

business card **επαγγελματική κάρτα**
 [epangelmatiki karta]

business casual (dress) **επαγγελματική
 καθημερινή (ένδυση)** [epangelmatiki
 kaTHimerini (enthisi)]

business plan **επιχειρηματικό σχέδιο**
 [epikhirimatiko skhethio]

casual (dress) **καθημερινή (ένδυση)**
 [kaTHimerini enthisi]

cell phone number **αριθμός κινητού τηλεφώνου**
 [ariTHmos kinitoo tilefonoo]

certification **πιστοποίηση** [pistopiisi]

certified **πιστοποιημένος** [pistopiimenos]

colleague **συνάδελφος** [sinathelfos]

company **εταιρεία** [eteria]

competition **ανταγωνισμός** [andagonismos]

competitor **ανταγωνιστής** [andagonistis]

computer **υπολογιστής** [ipoloyistis]

conference **συνέδριο** [sinethrio]

contract **συμβόλαιο** [simvoleo]

course **μάθημα** [maTHima]

cubicle **θάλαμος** [THalamos]

CV **βιογραφικό σημείωμα** [viografiko simioma]

deduction **παρακράτηση** [parakratisi]

degree **πτυχίο** [ptikhio]

desk **γραφείο** [grafio]

e-mail address **διεύθυνση ηλεκτρονικού ταχυδρομείου** [thiefTHinsi ilektronikoo takhidromioo]

employee **εργαζόμενος** [ergazomenos]

employer **εργοδότης** [ergothotis]

equal opportunity **ίσες ευκαιρίες** [ises efkeries]

expenses **έξοδα** [exotha]

experience **εμπειρία** [embiria]

fax number **αριθμός φαξ** [ariTHmos fax]

field **πεδίο** [pethio]

formal (dress) **επίσημη (ένδυση)** [episimi (enthisi)]

full-time **πλήρης απασχόληση** [pliris apaskholisi]

global **παγκόσμιος** [pangosmios]

income **εισόδημα** [isothima]

income tax **φόρος εισοδήματος** [foros isothimatos]

insurance **ασφάλιση** [asfalisi]

job **δουλειά** [thoolia]

joint venture **κοινοπραξία** [kinopraxia]

license **άδεια** [athia]

mailing **ταχυδρόμηση** [takhithromisi]

marketing **διαφήμιση** [thiafimisi]

meeting **συνάντηση** [sinandisi]

minimum wage **ελάχιστος μισθός** [elakhistos misTHos]

multinational **πολυεθνικός** [polieTHnikos]

office **γραφείο** [grafio]

office phone number **τηλεφωνικός αριθμός γραφείου** [tilefonikos ariTHmos grafioo]

paperwork **γραφειοκρατικές διαδικασίες** [grafiokratikes thiathikasies] part-time **μερική απασχόληση** [meriki apaskholisi]

printer **εκτυπωτής** [ektipotis]

profession **επάγγελμα** [epangelma]

professional **επαγγελματικός** [epangelmatikos]

project **έργο** [ergo]

promotion **προαγωγή** [proagoyi]

raise **αύξηση** [afxisi]

reimbursement **αποζημίωση** [apozimiosi]

resume **βιογραφικό σημείωμα** [viografiko simioma]

salary **μισθός** [misTHos]

scanner **σαρωτής** [sarotis]

seminar **σεμινάριο** [seminario]

suit **κοστούμι** [kostoomi]

supervisor **προϊστάμενος** [proistamenos]

tax ID **αριθμός φορολογικού μητρώου** [ariTHmos foroloyikoo mitrooo]

tie **γραβάτα** [gravata]

trade fair **εμπορική έκθεση** [emboriki ekTHesi]

uniform **στολή** [stoli]

union **ένωση** [enosi]

visa **βίζα** [viza]

wages **αποδοχές** [apothokhes]

work number **αριθμός εργασίας** [ariTHmos ergasias]

work permit **άδεια εργασίας** [athia ergasias]

HEALTH

At the Doctor

Making an Appointment

Can you recommend a good doctor?
Μπορείτε να προτείνετε έναν καλό γιατρό;
[bor**i**te na prot**i**nete **e**nan kal**o** yatr**o**]

I'd like to make an appointment for …
Θα ήθελα να κλείσω ένα ραντεβού για …
[THa **i**THela na kl**i**so **e**na randev**oo** ya]

today
σήμερα
[s**i**mera]

tomorrow
αύριο
[**a**vrio]

next week
την επόμενη εβδομάδα
[tin ep**o**meni evthom**a**tha]

as soon as possible
το συντομότερο δυνατό
[to sindom**o**tero thinat**o**]

Can the doctor come here?
Μπορεί ο γιατρός να έρθει εδώ;
[bor**i** o yatr**o**s na **e**rTHi eth**o**]

What are the office hours?
Ποιες είναι οι ώρες λειτουργίας;
[pies **i**ne i **o**res litooryi**a**s]

It's urgent.
Είναι επείγον.
[**i**ne ep**i**gon]

You Might Hear

Έχετε τυχόν αλλεργίες;
[**e**khete tikh**o**n aler**yi**es]
Do you have any allergies?

Ακολουθείτε κάποια φαρμακευτική αγωγή;
[akoloo**TH**ite k**a**pia farmakeftik**i** agoy**i**]
Are you on any medications?

Υπογράψτε εδώ.
[ipogr**a**pste eth**o**]
Sign here.

I need a doctor who speaks English.
Χρειάζομαι έναν αγγλόφωνο γιατρό.
[khri**a**zome **e**nan angl**o**fono yatr**o**]

How long is the wait?
Πόση ώρα πρέπει να περιμένουμε;
[p**o**si **o**ra pr**e**pi na perim**e**noome]

Ailments

I have …
Έχω …
[**e**kho]

allergies
αλλεργίες
[al**e**r**yi**es]

an allergic reaction
μία αλλεργική
αντίδραση
[m**i**a aler**yi**ki andi**thrasi**]

arthritis
αρθρίτιδα
[ar**TH**r**i**titha]

asthma
άσθμα
[**as**THma]

a backache
έναν πόνο στη πλάτη
[**e**nan p**o**no sti pl**a**ti]

bug bites
τσιμπήματα από
έντομα
[tsimb**i**mata ap**o e**ndoma]

chest pain
έναν πόνο στο στήθος
[**e**nan p**o**no sto sti**TH**os]

a cold
ένα κρύωμα
[**e**na kr**i**oma]

cramps
κράμπες
[kr**a**mbes]

diabetes
διαβήτη
[thia**vi**ti]

diarrhea
διάρροια
[thi**a**ria]

an earache
έναν πόνο στο αυτί
[**e**nan p**o**no sto af**ti**]

a fever
πυρετό
[pire**to**]

the flu
γρίπη
[**gri**pi]

a fracture
ένα κάταγμα
[**e**na k**a**tagma]

a heart condition
μία καρδιακή πάθηση
[m**i**a karthia**ki** p**a**THisi]

high blood pressure
υψηλή πίεση αίματος
[ipsil**i** p**i**esi **e**matos]

an infection
μία μόλυνση
[m**i**a m**o**linsi]

indigestion
δυσπεψία
[thispeps**i**a]

low blood pressure
χαμηλή πίεση αίματος
[khamil**i** p**i**esi **e**matos]

pain
πόνο
[p**o**no]

a rash
ένα εξάνθημα
[**e**na ex**a**nTHima]

swelling
πρήξιμο
[pr**i**ximo]

a sprain
ένα στραμπούληγμα
[**e**na stramb**oo**ligma]

a stomachache
στομαχόπονο
[stomakh**o**pono]

sunburn
ηλιακό έγκαυμα
[iliak**o** **e**ngafma]

sunstroke
ηλίαση
[il**i**asi]

a toothache
πονόδοντο
[pon**o**thondo]

a urinary tract infection
μία ουρολοίμωξη
[m**i**a oorol**i**moxi]

a venereal disease
ένα αφροδίσιο νόσημα
[**e**na afroth**i**sio n**o**sima]

I need medication for …
Χρειάζομαι φαρμακευτική αγωγή για …
[khri**a**zome farmakeftik**i** agoy**i**]

I'm ...
Είμαι ...
[**i**me]

anemic
αναιμικός
[anemik**o**s]

bleeding
αιμορραγώ
[emorag**o**]

constipated
δυσκοίλιος
[thisk**i**lios]

dizzy
νιώθω ζαλάδα
[ni**o**THo zal**a**tha]

late for my period
έχω καθυστέρηση
[**e**kho kaTHist**e**risi]

nauseous
έχω ναυτίες
[**e**kho naft**i**es]

pregnant
έγκυος
[**i**me **e**ngios]

vomiting
κάνω εμετό
[k**a**no emet**o**]

having trouble breathing
έχω δυσκολία στην αναπνοή
[**e**kho thiskol**i**a stin anapno**i**]

I've been sick for ... days.
Είμαι άρρωστος για ... ημέρες.
[**i**me **a**rostos ya ... im**e**res]

I'm talking ...
Μιλάω ...
[mil**a**o]

It hurts here.
Πονάω εδώ.
[pon**a**o eth**o**]

It's gotten worse/better.
Καλυτέρευσε/χειροτέρευσε.
[kalit**e**refse/khirot**e**refse]

You Might Hear

Πάρτε μια βαθιά αναπνοή.
[parte mia vaTHia anapnoi]
Breathe deeply.

Βήξτε, παρακαλώ.
[vixte, parakalo]
Cough, please.

Γδυθείτε, παρακαλώ.
[gthiTHite, parakalo]
Undress, please.

Πονάτε εδώ;
[ponate etho]
Does it hurt here?

Ανοίξτε το στόμα σας.
[anixte to stoma sas]
Open your mouth.

Πρέπει να δείτε έναν ειδικό.
[prepi na thite enan ithiko]
You should see a specialist.

Πρέπει να πάτε στο νοσοκομείο.
[prepi na pate sto nosokomio]
You must go to the hospital.

Χρειάζεστε μία ακτινογραφία.
[khriazeste mia aktinografia]
You need an X-ray.

You Might Hear

Είναι ... [ine]
It's ...

σπασμένο	**μεταδοτικό**
[spasmeno]	[metathotiko]
broken	contagious
μολυσμένο	**στραμπουληγμένο**
[molismeno]	[strambooligmeno]
infected	sprained

Χρειάζεστε ... [khriazeste]
You need ...

μία εξέταση αίματος
[mia exetasi ematos]
a blood test

μία ένεση
[mia enesi]
an injection

μία ενδοφλέβια θεραπεία
[mia enthoflevia THerapia]
an IV

μία εξέταση για στρεπτόκοκκο
[mia exetasi ya streptokoko]
a strep test

μία εξέταση ούρων
[mia exetasi ooron]
a urine test

You Might Hear

Ελάτε πάλι σε δύο εβδομάδες.
[elate pali se thio evthomathes]
Come back in two weeks.

Χρειάζεστε μία επαναληπτική εξέταση.
[khriazeste mia epanaliptiki exetasi]
You need a follow-up.

Treatments and Instructions

Do I need a prescription medicine?
Χρειάζομαι ιατρική συνταγή;
[khriazome iatriki sindayi]

Can you prescribe a generic drug?
**Μπορείτε να μου γράψετε ένα κοινό
φάρμακο;**
[borite na moo grapsete ena kino farmako]

Is this over the counter?
**Μπορώ να το αγοράσω χωρίς ιατρική
συνταγή;**
[boro na to agoraso khoris iatriki sindayi]

How much do I take?
Πόσο πρέπει να παίρνω;
[poso prepi na perno]

How often do I take this?
Πόσο συχνά πρέπει να το παίρνω;
[poso sikhna prepi na to perno]

You Might Hear

Θα σας γράψω … [THa sas g**ra**pso]
I'm prescribing you …

αντιβιοτικά
[andiviotik**a**]
antibiotics

αντιικά
[andiik**a**]
anti-virals

μία αλοιφή
[m**i**a alif**i**]
an ointment

παυσίπονα
[pafs**i**pona]
painkillers

Να λαμβάνετε … [na lamv**a**nete]
Take …

μετά το γεύμα
[met**a** to y**e**vma]
after eating

πριν από τα γεύματα
[prin ap**o** ta y**e**vmata]
before meals

με άδειο στομάχι
[me **a**thio stom**a**khi]
on an empty stomach

το πρωί
[to pro**i**]
in the morning

πριν κοιμηθείτε
[prin kimiTH**i**te]
before bed

από το στόμα
[ap**o** to st**o**ma]
orally

με πολύ νερό
[me pol**i** ner**o**]
with plenty of water

δύο φορές ημερησίως
[th**i**o for**e**s imerisi**o**s]
twice daily

Are there side effects?
Υπάρχουν παρενέργειες;
[iparkhoon pareneryies]

Is this safe for children?
Είναι ασφαλές για παιδιά;
[ine asfales ya pethia]

I'm allergic to …
Είμαι αλλεργικός …
[ime aleryikos]

anti-inflammatories	aspirin
στα αντιφλεγμονώδη	**στην ασπιρίνη**
[sta andiflegmonothi]	[stin aspirini]
codeine	penicillin
στην κωδεΐνη	**στην πενικιλλίνη**
[stin kotheini]	[stin penikilini]

You Might See

για εξωτερική χρήση μόνο
for external use only

να καταπίνετε ολόκληρο
swallow whole

μπορεί να προκαλέσει υπνηλία
may cause drowsiness

μην ανακατεύετε με αλκοόλ
do not mix with alcohol

Payment and Insurance

I have insurance.
Έχω ασφάλιση.
[**e**kho asf**a**lisi]

Do you accept …?
Δέχεστε …;
[th**e**kheste]

How much does it cost?
Πόσο κοστίζει;
[p**o**so kost**i**zi]

Can I have an itemized receipt for my insurance
    please?
Μπορώ να έχω έναν αναλυτικό λογαριασμό
    για την ασφάλιση μου παρακαλώ;
[bor**o** na **e**kho **e**nan analitik**o** logariasm**o** ya tin
    asf**a**lisi moo parakal**o**]

Can I pay by credit card?
Μπορώ να πληρώσω με πιστωτική κάρτα;
[bor**o** na plir**o**so me pistotik**i** k**a**rta]

Will my insurance cover this?
Θα το καλύψει αυτό η ασφάλιση μου;
[THa to kal**i**psi aft**o** i asf**a**lisi moo]

Parts of the Body

abdomen **κοιλιά** [kilia]

anus **πρωκτός** [proktos]

appendix **απόφυση** [apofisi]

arm **χέρι** [kheri]

back **πλάτη** [plati]

belly button **ομφαλός** [omfalos]

bladder **κύστη** [kisti]

bone **κόκκαλο** [kokalo]

buttocks **γλουτοί** [glooti]

breast **στήθος** [stiTHos]

chest **θώρακας** [THorakas]

ear **αυτί** [afti]

elbow **αγκώνας** [angonas]

eye **μάτι** [mati]

face **πρόσωπο** [prosopo]

finger **δάχτυλο** [thakhtilo]

foot **πόδι** [pothi]

gland **αδένας** [athenas]

hair **μαλλιά** [mallia]

hand **χέρι** [kheri]

heart **καρδιά** [karthia]

hip **ισχίο** [iskhio]

intestines **έντερα** [endera]

jaw **σαγόνι** [sagoni]

joint **άρθρωση** [arTHrosi]

kidney **νεφρό** [nefro]

knee **γόνατο** [gonato]

knuckles **κόνδυλοι** [konthili]

leg **πόδι** [pothi]

lip **χείλος** [khilos]

liver **συκώτι** [sikoti]

lung **πνεύμονας** [pnefmonas]

mouth **στόμα** [stoma]

muscle **μυς** [mis]

neck **αυχένας** [afkhenas]

nose **μύτη** [miti]

penis **πέος** [peos]

rectum **πρωκτός** [proktos]

rib **πλευρό** [plevro]

shoulder **ώμος** [omos]

skin **δέρμα** [therma]

stomach **στομάχι** [stomakhi]

testicles **όρχεις** [orkhis]

thigh **μηρός** [miros]

throat **λαιμός** [lemos]

thumb **αντίχειρας** [andikhiras]

toe **δάχτυλο του ποδιού** [thakhtilo too pothioo]

tongue **γλώσσα** [glosa]

tonsils **αμυγδαλές** [amigthales]

tooth/teeth **δόντι/δόντια** [thondi/thondia]

urethra **ουρήθρα** [ooriTHra]

uterus **μήτρα** [mitra]

vagina **κόλπος** [kolpos]

vein **φλέβα** [fleva]

waist **μέση** [mesi]

wrist **καρπός** [karpos]

Other Medical Facilities

Optometrist

I need an eye exam.
Χρειάζομαι μια οφθαλμολογική εξέταση.
[khriazome mia ofTHalmoloyiki exetasi]

I've lost …
Έχασα …
[ekhasa]

a lens	my contacts
έναν φακό	**τους φακούς επαφής μου**
[enan fako]	[toos fakoos epafis moo]

my glasses
τα γυαλιά μου
[ta yalia moo]

Should I continue to wear these?
Πρέπει να συνεχίσω να τα φοράω;
[prepi na sinekhiso na ta forao]

Can I select new frames?
Μπορώ να διαλέξω καινούργιο σκελετό;
[boro na thialexo kenooryo skeleto]

How long will it take?
Πόση ώρα θα πάρει;
[posi ora Tha pari]

I'm nearsighted/farsighted.
Έχω μυωπία/πρεσβυωπία.
[ekho miopia/presviopia]

Dentist

This tooth hurts.
Αυτό το δόντι πονάει.
[afto to thondi ponai]

I have a toothache.
Έχω πονόδοντο.
[ekho ponothondo]

I have a cavity.
Χρειάζομαι σφράγισμα.
[khriazome sfrayisma]

I've lost a filling.
Έχασα ένα σφράγισμα.
[ekhasa ena sfrayisma]

My tooth is broken.
Το δόντι μου έσπασε.
[to thondi moo espase]

Can you fix these dentures?
**Μπορείτε να φτιάξετε αυτή την τεχνητή
    οδοντοστοιχία;**
[borite na ftiaxete afti tin tekhniti othondostikhia]

My teeth are sensitive.
Τα δόντια μου είναι ευαίσθητα.
[ta thondia moo ine evesTHita]

You Might Hear

Χρειάζεστε σφράγισμα.
[khriazeste sfrayisma]
You need a filling.

Θα σας κάνω ένεση/δώσω τοπικό αναισθητικό.
[THa sas kano enesi/thoso topiko anesTHitiko]
I'm giving you an injection/a local anesthetic.

Πρέπει να αφαιρέσω αυτό το δόντι.
[prepi na afereso afto to thondi]
I have to extract this tooth.

Μην φάτε τίποτα για ... ώρες.
[min fate tipota ya ... ores]
Don't eat anything for ... hours.

Gynecologist

I have cramps.
Έχω κράμπες.
[ekho krambes]

My period is late.
Έχω καθυστέρηση.
[ekho kaTHisterisi]

I have an infection.
Έχω μία μόλυνση.
[ekho mia molinsi]

I'm on the Pill.
Παίρνω αντισυλληπτικά.
[perno andisiliptika]

I'm not pregnant.
Δεν είμαι έγκυος.
[then ime engios]

I'm … months pregnant.
Είμαι … μηνών έγκυος.
[ime … minon engios]

My last period was …
Η τελευταία μου περίοδος ήταν …
[i teleftea moo periothos itan]

I need …
Χρειάζομαι … [khriazome]

   a contraceptive
   αντισυλληπτικά
   [andisiliptika]

   the morning-after pill
   το χάπι της επόμενης ημέρας
   [to khapi tis epomenis imeras]

   a pregnancy test
   ένα τεστ εγκυμοσύνης
   [ena test engimosinis]

   an STD test
   μία εξέταση για ΣΜΝ
   [mia exetasi gia sigmamini]

Pharmacy

Where's the nearest (24-hour) pharmacy?
Πού είναι το πλησιέστερο (διανυκτερεύον) φαρμακείο;
[poo ine to plisiestero (thianikterevon) farmakio]

What time does the pharmacy open/close?
Τι ώρα ανοίγει/κλείνει το φαρμακείο;
[ti ora aniyi/klini to farmakio]

Can you fill this prescription?
Μπορείτε να συμπληρώσετε τη συνταγή;
[borite na simblirosete ti sintayi]

How long is the wait?
Πόση ώρα πρέπει να περιμένω;
[posi ora prepi na perimeno]

I'll come back for it.
Θα επιστρέψω για αυτό.
[THa epistrepso ya afto]

What do you recommend for …?
Τι προτείνετε για …; [ti protinete ya]

allergies
αλλεργίες
[aleryies]

a cold
το κρύωμα
[to krioma]

a cough
τον βήχα
[ton vikha]

diarrhea
τη διάρροια
[ti thiaria]

a hangover
τον πονοκέφαλο
μετά από μέθη
[ton ponokefalo meta apo meTHi]

motion sickness
τη ναυτία
[ti naftia]

post-nasal drip
την οπισθορινική
καταρροή
[tin opisTHoriniki kataroi]

a sore throat
τον πονόλαιμο
[ton ponolemo]

an upset stomach
στομαχόπονο
[stomakhopono]

Do I need a prescription?
Χρειάζομαι ιατρική συνταγή;
[khriazome iatriki sindayi]

Do you have ...?
Έχετε ...; [ekhete]

anti-diarrheal
αντιδιαρροϊκό
[andithiaroiko]

antiseptic rinse
αντισηπτικό διάλυμα
[andisiptiko thialima]

aspirin
ασπιρίνη
[aspirini]

bandages
επιδέσμους
[epithesmoos]

cold medicine
φάρμακο για το κρύωμα
[farmako ya to krioma]

condoms
προφυλακτικά
[profilaktika]

cotton balls
δίσκους από βαμβάκι
[thiskoos apo vamvaki]

gauze
γάζα
[gaza]

ibuprofen
ιβουπροφαίνη
[ivooprofeni]

insect repellant
απωθητικό εντόμων
[apoTHitiko endomon]

a thermometer
θερμόμετρο
[THermometro]

throat lozenges
παστίλιες για το λαιμό
[pastilies ya to lemo]

vitamins
βιταμίνες
[vitamines]

I'm looking for …
Ψάχνω για … [psakhno ya]

aftershave
αφτερσέιβ
[afterseiv]

baby wipes
μωρομάντηλα
[moromandila]

a comb
μια χτένα
[mia khtena]

conditioner
μαλακτική κρέμα
[malaktiki krema]

dental floss
οδοντικό νήμα
[othondiko nima]

deodorant
αποσμητικό
[aposmitiko]

diapers
πάνες
[panes]

a hair brush
μια βούρτσα μαλλιών
[mia voortsa malion]

hairspray
σπρέι μαλλιών
[sprei malion]

hand lotion
λοσιόν χεριών
[losion kherion]

moisturizer
ενυδατική
[enithatiki]

mousse
αφρό
[afro]

mouthwash
στοματικό διάλυμα
[stomatiko thialima]

razor blades
ξυραφάκια
[xirafakia]

rubbing alcohol
οινόπνευμα
[inopnefma]

shampoo
σαμπουάν
[sambooan]

shaving cream
κρέμα ξυρίσματος
[krema xirismatos]

soap
σαπούνι
[sapooni]

sunblock
αντιηλιακό
[andiiliako]

tampons
ταμπόν
[tambon]

tissues
χαρτομάντηλα
[khartomandila]

toilet paper
χαρτί τουαλέτας
[kharti tooaletas]

a toothbrush
μία οδοντόβουρτσα
[mia othondovoortsa]

toothpaste
οδοντόκρεμα
[othondokrema]

GENERAL EMERGENCIES

Essentials

Help!	Police!
Βοήθεια!	**Αστυνομία!**
[voiTHia]	[astinomia]

Fire!	Thief!
Φωτιά!	**Κλέφτης!**
[fotia]	[kleftis]

It's an emergency!
Είναι επείγον!
[ine epigon]

Stop!	Leave me alone!
Σταμάτα!	**Άφησε με ήσυχο!**
[stamata]	[afise me isikho]

There's been an accident/attack!
Υπήρξε ένα ατύχημα/μία επίθεση!
[ipirxe ena atikhima/mia epiTHesi]

Call ...!
Κάλεσε ...! [kalese]

an ambulance	a doctor
ένα ασθενοφόρο	**ένα γιατρό**
[ena asTHenoforo]	[ena yatro]
the fire department	the police
την πυροσβεστική	**την αστυνομία**
[tin pirosvestiki]	[tin astinomia]

Is anyone here ...?
Είναι κανείς εδώ ...;
[**i**ne kan**i**s eth**o**]

a doctor
γιατρός
[yatr**o**s]

trained in CPR
εκπαιδευμένος στην τεχνητή αναπνοή
[ekpedevm**e**nos stin tekhnit**i** anapno**i**]

Quickly!
Γρήγορα!
[gr**i**gora]

Be careful!
Προσοχή!
[prosokh**i**]

Where is (the) ...?
Πού είναι ...;
[poo **i**ne]

American embassy
η Αμερικανική πρεσβεία
[i amerikanik**i** presv**i**a]

bathroom
το μπάνιο
[to b**a**nio]

hospital
το νοσοκομείο
[to nosokom**i**o]

police station
το αστυνομικό τμήμα
[to astinomik**o** tm**i**ma]

Can you help me?
Μπορείτε να με βοηθήσετε;
[bor**i**te na me voiTH**i**sete]

Can I use your phone?
Μπορώ να χρησιμοποιήσω το τηλέφωνο σας;
[boro na khrisimopiiso to tilefono sas]

I'm lost.
Έχω χαθεί. [ekho khaTHi]

Go away!
Φύγε! [fiye]

Talking to Police

I've been …
Υπήρξα θύμα … [ipirxa THima]

assaulted	robbed
επίθεσης	**ληστείας**
[epiTHesis]	[listias]
mugged	swindled
κλοπής	**απάτης**
[klopis]	[apatis]
raped	
βιασμού	
[viasmoo]	

That person tried to … me.
Αυτό το άτομο επιχείρησε να …
[afto to atomo epikhirise na]

assault	mug
μου επιτεθεί	**με ληστέψει**
[moo epiteTHi]	[me listepsi]
rape	rob
με βιάσει	**με κλέψει**
[me viasi]	[me klepsi]

I've lost my …
Έχασα … μου [**e**khasa … moo]

bag(s)
τη βαλίτσα/τις βαλίτσες
[ti val**i**tsa/tis val**i**tses]

credit card
την πιστωτική κάρτα
[tin pistotik**i** k**a**rta]

driver's license
το δίπλωμα οδήγησης
[to th**i**ploma oth**i**yisis]

identification
την ταυτότητα
[tin taft**o**tita]

keys
τα κλειδιά
[ta klithi**a**]

laptop
τον φορητό υπολογιστή
[ton forit**o** ipoloyist**i**]

money
τα χρήματα
[ta khr**i**mata]

passport
το διαβατήριο
[to thiavat**i**rio]

purse
την τσάντα
[tin ts**a**nda]

traveler's checks
τις ταξιδιωτικές επιταγές
[tis taxithiotik**e**s epitay**e**s]

visa
τη βίζα
[ti v**i**za]

wallet
το πορτοφόλι
[to portof**o**li]

My … was stolen.
Έκλεψαν … μου.
[**e**klepsan … moo]

I need a police report.
Χρειάζομαι μια αστυνομική αναφορά.
[khri**a**zome mia astinomik**i** taft**o**tita]

Please show me your badge.
Παρακαλώ δείξτε μου το σήμα σας.
[parakalo thixte moo to sima sas]

Please take me to your superior.
Παρακαλώ συνοδέψτε με στον προϊστάμενο σας.
[parakalo sinothepste me ston proistameno sas]

Please take me to the police station.
Παρακαλώ συνοδέψτε με στο αστυνομικό τμήμα.
[parakalo sinothepste me sto astinomiko tmima]

I have insurance.
Έχω ασφάλιση.
[ekho asfalisi]

This person won't leave me alone.
Αυτό το άτομο δεν με αφήνει σε ησυχία.
[afto to atomo then me afini se isikhia]

My son/daughter is missing.
Ο γιος/Η κόρη μου έχει εξαφανιστεί.
[o yos/i kori moo ekhi exafanisti]

He/She is XX years old.
Αυτός/Αυτή είναι XX χρονών.
[aftos/afti ine XX khronon]

I last saw the culprit XX minutes/hours ago.
Η τελευταία φορά που είδα τον ένοχο ήταν πριν από XX λεπτά/ώρες.
[i teleftea fora poo itha ton enokho itan prin apo XX lepta/ores]

You Might Hear

Πού συνέβη αυτό;
[poo sinevi afto]
Where did this happen?

Τι ώρα συνέβη;
[ti ora sinevi]
What time did it occur?

Πώς μοιάζει αυτός/αυτή;
[pos miazi aftos/afti]
What does he/she look like?

What is the problem?
Ποιό είναι το πρόβλημα;
[pio ine to provlima]

What am I accused of?
Γιατί κατηγορούμαι;
[yati katigoroome]

I didn't realize that it wasn't allowed.
Δεν συνειδητοποίησα ότι δεν επιτρεπόταν.
[then sinithitopiisa oti then epitrepotan]

I apologize.
Σας ζητώ συγγνώμη.
[sas zito singnomi]

I didn't do anything.
Δεν έκανα τίποτα.
[then ekana tipota]

I'm innocent.
Είμαι αθώος.
[ime aTHoos]

You Might See

Επείγοντα
Emergency

Νοσοκομείο
Hospital

Αστυνομία
Police

Αστυνομικό Τμήμα
Police Station

I need to make a phone call.
Πρέπει να κάνω ένα τηλεφώνημα.
[prepi na kano ena tilefonima]

I want to contact my embassy/consulate.
Θέλω να επικοινωνήσω με την πρεσβεία/το προξενείο μου.
[THelo na epikinoniso me tin presvia/to proxenio moo]

I want to speak to a lawyer.
Θέλω να μιλήσω σε δικηγόρο.
[THelo na miliso se thikigoro]

I speak English.
Μιλάω Αγγλικά.
[milao anglika]

I need an interpreter.
Χρειάζομαι έναν διερμηνέα.
[khriazome enan thierminea]

disturbing the peace
διατάραξη κοινής ησυχίας
[thiataraxi kinis isikhias]

traffic violation
παραβίαση κυκλοφορίας
[paraviasi kikloforias]

parking fine
πρόστιμο στάθμευσης
[prostimo staTHmefsis]

speeding ticket
πρόστιμο για υπερβολική ταχύτητα
[prostimo ya ipervoliki takhitita]

overstaying your visa
εκτεταμένη παραμονή μετά τη λήξη της βίζας
[ektetameni paramoni meta ti lixi tis vizas]

theft
κλοπή
[klopi]

NUMBERS & MEASUREMENTS

Cardinal Numbers

1 one	**1 ένα**	[ena]
2 two	**2 δύο**	[thio]
3 three	**3 τρία**	[tria]
4 four	**4 τέσσερα**	[tesera]
5 five	**5 πέντε**	[pende]
6 six	**6 έξι**	[exi]
7 seven	**7 επτά**	[epta]
8 eight	**8 οκτώ**	[okto]
9 nine	**9 εννιά**	[enia]
10 ten	**10 δέκα**	[theka]
11 eleven	**11 έντεκα**	[endeka]
12 twelve	**12 δώδεκα**	[thotheka]
13 thirteen	**13 δεκατρία**	[thekatria]
14 fourteen	**14 δεκατέσσερα**	[thekatesera]
15 fifteen	**15 δεκαπέντε**	[thekapende]
16 sixteen	**16 δεκαέξι**	[thekaexi]
17 seventeen	**17 δεκαεπτά**	[thekaepta]
18 eighteen	**18 δεκαοκτώ**	[thekaokto]
19 nineteen	**19 δεκαεννιά**	[thekaenia]
20 twenty	**20 είκοσι**	[ikosi]
21 twenty-one	**21 είκοσι ένα**	[ikosi ena]
22 twenty-two	**22 είκοσι δύο**	[ikosi thio]
30 thirty	**30 τριάντα**	[trianda]
31 thirty-one	**31 τριάντα ένα**	[trianda ena]
32 thirty-two	**32 τριάντα δύο**	[trianda thio]
40 forty	**40 σαράντα**	[saranda]
50 fifty	**50 πενήντα**	[peninda]

60 sixty	**60 εξήντα** [exinda]
70 seventy	**70 εβδομήντα** [evthominda]
80 eighty	**80 ογδόντα** [ogthonda]
90 ninety	**90 ενενήντα** [eneninda]

100 one hundred	**100 εκατό** [ekato]
101 one hundred one	**101 εκατόν ένα** [ekaton ena]
200 two hundred	**200 διακόσια** [thiakosia]
500 five hundred	**500 πεντακόσια** [pendakosia]
1,000 one thousand	**1.000 χίλια** [khilia]

10,000 ten thousand
10.000 δέκα χιλιάδες [theka khiliathes]

100,000 one hundred thousand
100.000 εκατό χιλιάδες [ekato khiliathes]

1,000,000 one million
1.000.000 ένα εκατομμύριο [ena ekatomirio]

Fractions

one-quarter **ένα τέταρτο** [ena tetarto]	two-thirds **δύο τρίτα** [thio trita]
one-third **ένα τρίτο** [ena trito]	three-quarters **τρία τέταρτα** [tria tetarta]
one-half **μισό** [miso]	

Ordinal Numbers

first	sixth
πρώτος	**έκτος**
[pr**o**tos]	[**e**ktos]
second	seventh
δεύτερος	**έβδομος**
[th**e**fteros]	[**e**vthomos]
third	eighth
τρίτος	**όγδοος**
[tr**i**tos]	[**o**gthoos]
fourth	ninth
τέταρτος	**ένατος**
[t**e**tartos]	[**e**natos]
fifth	tenth
πέμπτος	**δέκατος**
[p**e**mbtos]	[th**e**katos]

Quantity and Size

all	none
όλο	**κανένα**
[**o**lo]	[kan**e**na]
one dozen	half a dozen
μία δωδεκάδα	**μισή δωδεκάδα**
[m**i**a thothek**a**tha]	[mis**i** thothek**a**tha]
a pair of …	a couple of …
ένα ζευγάρι …	**δυο-τρία …**
[**e**na zevg**a**ri]	[th**i**o tr**i**a]

some (of) …	a half
μερικά …	**μισό**
[merika]	[miso]

a little	a lot
λίγο	**πολύ**
[ligo]	[poli]

more	less
περισσότερο	**λιγότερο**
[perisotero]	[ligotero]

enough	not enough
αρκετό	**δεν είναι αρκετό**
[arketo]	[then ine arketo]

too many	too much
πάρα πολύ	**υπερβολικά πολύ**
[para poli]	[ipervolika poli]

extra small (XS)	small (S)	medium (M)
πολύ μικρό	**μικρό**	**μεσαίο**
[poli mikro]	[mikro]	[meseo]

large (L)	extra-large (XL)
μεγάλο	**πολύ μεγάλο**
[megalo]	[poli megalo]

big	bigger	biggest
μεγάλος	**μεγαλύτερος**	**πιο μεγάλος**
[megalos]	[megaliteros]	[pio megalos]

small	smaller	smallest
μικρός	**μικρότερος**	**πιο μικρός**
[mikros]	[mikroteros]	[pio mikros]

fat	skinny	
παχύς	**κοκαλιάρης**	
[pakhis]	[kokaliaris]	

wide	narrow	
φαρδύς	**στενός**	
[farthis]	[stenos]	

tall	short	long
ψηλός	**κοντός**	**μακρύς**
[psilos]	[kondos]	[makris]

Weights and Measurements

inch	foot	mile
ίντσα	**πόδι**	**μίλι**
[intsa]	[pothi]	[mili]

millimeter	centimeter
χιλιοστό	**εκατοστό**
[khiliosto]	[ekatosto]

meter	kilometer
μέτρο	**χιλιόμετρο**
[metro]	[khiliometro]

squared	cubed
καρό	**με κύβους**
[karo]	[me kivoos]

liter	milliliter
λίτρο	**χιλιοστόλιτρο**
[litro]	[khiliostolitro]

kilogram
χιλιόγραμμο
[khiliogramo]

ounce	cup	pint
ουγγιά	**φλιτζάνι**	**πίντα**
[oongia]	[flitzani]	[pinda]

gallon	quart
γαλόνι	*ένα τέταρτο γαλονιού*
[galoni]	[ena tetarto galonioo]

TIMES & DATES

Telling Time

What time is it?
Τι ώρα είναι;
[ti **o**ra **i**ne]

> It's 5 A.M./P.M.
> **Είναι 5 π.μ./μ.μ.**
> [**i**ne **pe**nde pro mesimvr**i**as/met**a** mesimvr**i**as]

> It's 6 o'clock
> **Είναι έξι η ώρα.**
> [**i**ne **e**xi i **o**ra]

> It's 6:30.
> **Είναι έξι και μισή.**
> [**i**ne **e**xi ke mis**i**]

>> Five past (three)
>> **(τρεις) και πέντε**
>> [(tris) ke **pe**nde]

>> Half past (two)
>> **(δύο) και μισή**
>> [(th**i**o) ke mis**i**]

>> Quarter to (eight)
>> **(οκτώ) και τέταρτο**
>> [(okt**o**) ke **te**tarto]

>> Twenty to (four)
>> **(τέσσερις) και είκοσι**
>> [(**te**seris) ke **i**kosi]

noon	midnight
μεσημέρι	**μεσάνυχτα**
[mesimeri]	[mesanikhta]

In the …
Το … [to]

morning	afternoon	evening
πρωί	**απόγευμα**	**βράδυ**
[proi]	[apoyevma]	[vrathi]

at night	early	late
τη νύχτα	**νωρίς**	**αργά**
[ti nikhta]	[noris]	[arga]

At 1 P.M.
Στις 1 μ.μ.
[stis mia meta mesimvrias]

At 3:28
Στις 3:28
[stis tris ke ikosiokto]

A.M.	P.M.
π.μ.	**μ.μ.**
[pro mesimvrias]	[meta mesimvrias]

Measuring Duration

for …
για … [ya]

one month	two months
ένα μήνα	**δύο μήνες**
[ena mina]	[thio mines]

one week	three weeks
μία εβδομάδα	**τρεις εβδομάδες**
[mia evthomatha]	[tris evthomathes]
one day	four days
μία ημέρα	**τέσσερις ημέρες**
[mia imera]	[teseris imeres]
one hour	a half hour
μία ώρα	**μισή ώρα**
[mia ora]	[misi ora]
one minute	five minutes
ένα λεπτό	**πέντε λεπτά**
[ena lepto]	[pende lepta]
one second	five seconds
ένα δευτερόλεπτο	**πέντε δευτερόλεπτα**
[ena thefterolepto]	[pende thefterolepta]

since	during
από	**κατά τη διάρκεια**
[apo]	[kata ti thiarkia]
before	after
πριν	**μετά**
[prin]	[meta]

one year ago	five years ago
πριν από ένα χρόνο	**πριν από πέντε χρόνια**
[prin apo ena khrono]	[prin apo pende khronia]

six months ago
πριν από έξι μήνες
[prin apo exi mines]

TIMES & DATES

in two years
σε δύο χρόνια
[se thio khronia]

in three hours
σε τρεις ώρες
[se tris ores]

in five months
σε πέντε μήνες
[se pende mines]

in five minutes
σε πέντε λεπτά
[se pende lepta]

in two weeks
σε δύο εβδομάδες
[se thio evthomathes]

in ten seconds
σε δέκα δευτερόλεπτα
[se theka thefterolepta]

in twelve days
σε δώδεκα ημέρες
[se thotheka imeres]

Relative Dates

yesterday	today	tomorrow
χθες	**σήμερα**	**αύριο**
[khTHes]	[simera]	[avrio]

week	month	year
εβδομάδα	**μήνας**	**χρόνος**
[evthomatha]	[minas]	[khronos]

this week
αυτή την εβδομάδα
[afti tin evthomatha]

next week
την επόμενη εβδομάδα
[tin epomeni evthomatha]

last week
την προηγούμενη εβδομάδα
[tin proigoomeni evthomatha]

this month
αυτόν τον μήνα
[afton ton mina]

next month
τον επόμενο μήνα
[ton epomeno mina]

last month
τον προηγούμενο μήνα
[ton proigoomeno mina]

this year
αυτόν τον χρόνο
[afton ton khrono]

next year
τον επόμενο χρόνο
[ton epomeno khrono]

last year
τον προηγούμενο χρόνο
[ton proigoomeno khrono]

Days of the Week

Monday
Δευτέρα
[theftera]

Tuesday
Τρίτη
[triti]

Wednesday
Τετάρτη
[tetarti]

Thursday
Πέμπτη
[pembti]

Friday
Παρασκευή
[paraskevi]

Saturday
Σάββατο
[savato]

Sunday
Κυριακή
[kiriaki]

TIMES & DATES

Months of the Year

January **Ιανουάριος** [ianooarios]	July **Ιούλιος** [ioolios]
February **Φεβρουάριος** [fevrooarios]	August **Αύγουστος** [avgoostos]
March **Μάρτιος** [martios]	September **Σεπτέμβριος** [septemvrios]
April **Απρίλιος** [aprilios]	October **Οκτώβριος** [oktovrios]
May **Μάιος** [maios]	November **Νοέμβριος** [noemvrios]
June **Ιούνιος** [ioonios]	December **Δεκέμβριος** [thekemvrios]

Seasons

Winter **χειμώνας** [khimonas]	Spring **άνοιξη** [anixi]
Summer **καλοκαίρι** [kalokeri]	Fall/Autumn **φθινόπωρο** [fTHinoporo]

HOLIDAYS & FESTIVALS

January 1: New Year's Day
1 Ιανουαρίου: Πρωτοχρονιά
[mia ianooarioo: protokhronia]

January 6: Epiphany
6 Ιανουαρίου: Θεοφάνεια
[exi ianooarioo: THeofania]

March 25: Independence Day (of Greece)
25 Μαρτίου: Ημέρα Ανεξαρτησίας
[ikosipende martioo: imera anexartisias]

February/March: Shrove Monday
Φεβρουάριος/Μάρτιος: Καθαρά Δευτέρα
[fevrooarios/martios: kathara theftera]

March/April: Good Friday / Easter Sunday /
     Easter Monday
Μάρτιος/Απρίλιος: Μεγάλη Παρασκευή /
     Κυριακή του Πάσχα / Δευτέρα του Πάσχα
[martios aprilios: megali paraskevi, kiriaki too
     paskha, theftera too paskha]

May 1: Labor Day
1 Μαΐου: Πρωτομαγιά
[mia maioo: protomaya]

August 15: Assumption of the Virgin
15 Αυγούστου: Κοίμηση της Θεοτόκου
[thekapende avgoostoo: kimisi tis THeotokoo]

October 28: Ochi Day
28 Οκτωβρίου: Ημέρα του Όχι
[ikosiokhto oktovrioo: imera too okhi]

December 25: Christmas
25 Δεκεμβρίου: Χριστούγεννα
[ikosipende thekemvrioo: khristooyena]

PLACE NAMES

Countries

United States of America
Ηνωμένες Πολιτείες Αμερικής
[inomenes polities amerikis]

Canada
Καναδάς
[kanathas]

Greece
Ελλάδα
[elatha]

United Kingdom
Ηνωμένο Βασίλειο
[inomeno vasilio]

Ireland
Ιρλανδία
[irlanthia]

England
Αγγλία
[anglia]

Australia
Αυστραλία
[afstralia]

Cities

Athens
Αθήνα
[aTHina]

Dallas
Ντάλας
[dalas]

New York
Νέα Υόρκη
[nea iorki]

Boston
Βοστώνη
[vostoni]

Chicago
Σικάγο
[sikago]

London
Λονδίνο
[lonthino]

Los Angeles
Λος Άντζελες
[los antzeles]

Toronto
Τορόντο
[torondo]

PLACE NAMES

Vancouver
Βανκούβερ
[vankoover]

Sydney
Σίδνεϋ
[sithnei]

Paris
Παρίσι
[parisi]

Moscow
Μόσχα
[moskha]

Rome
Ρώμη
[romi]

Berlin
Βερολίνο
[verolino]

The Best of Regional Greek Cooking
Dean and Catherine Karayanis

Throughout history, Greek cooking has drawn upon influences ranging from the Arabic flavors of North Africa to the cuisine of the Sephardic Jews of Spain, resulting in a rich, diverse culinary tradition. This family cookbook showcases dishes from the key regions of mainland Greece as well as the islands. The recipes are accompanied by fascinating historical notes and family anecdotes which bring to life the community spirit of Greek cuisine.

ISBN 0-7818-1146-5 · $24.95hc

Greece: An Illustrated History
Tom Stone

From the Cenozoic upheavals that formed the Greek archipelago to the political movements in the twentieth century that overturned both a military junta and the monarchy, this informative and entertaining survey covers the political, artistic, and religious evolution of one of the world's most significant and fascinating civilizations.

Tom Stone traveled to Greece in 1970 to write a novel and stayed twenty-two years, pursuing a career as a writer, teacher, and theatrical lighting designer and director. He has written numerous books and articles about Greece.

ISBN 0-7818-0755-7 · $14.95hc